Eine Publikation
des Ökumenischen Geistlichen Zentrums
Ecumenical Spiritual Center
ESC
der Diakonie Neuendettelsau
www.diakonieneuendettelsau.de

Hermann Schoenauer

Leben segnen
Rituale für den Alltag

Gütersloher Verlagshaus

Bibliografische Information der Deutschen Nationalbibliothek
Die Deutsche Nationalbibliothek verzeichnet diese Publikation in der Deutschen Nationalbibliografie; detaillierte bibliografische Daten sind im Internet über http://dnb.d-nb.de abrufbar.

FSC

Mix
Produktgruppe aus vorbildlich
bewirtschafteten Wäldern,
kontrollierten Herkünften und
Recyclingholz oder -fasern

Zert.-Nr. SGS-COC-004278
www.fsc.org
© 1996 Forest Stewardship Council

Verlagsgruppe Random House FSC-DEU-0100
Das FSC-zertifizierte Papier
Munken Premium für dieses Buch
liefert Arctic Paper Munkedals AB, Schweden.

Quellennachweis:
Die Bibelzitate stammen aus: Lutherbibel, revidierter Text 1984, durchgesehene Ausgabe in neuer Rechtschreibung. © 1999 Deutsche Bibelgesellschaft, Stuttgart.

Für freundlich erteilte Abdruckgenehmigungen danken wir. Trotz intensiver Bemühungen war es leider nicht bei allen Texten möglich, den/die Rechtsinhaber/in ausfindig zu machen. Für Hinweise sind wir dankbar. Rechtsansprüche bleiben gewahrt.

1. Auflage
Copyright © 2009 by Gütersloher Verlagshaus, Gütersloh,
in der Verlagsgruppe Random House GmbH, München

Umschlagmotiv: Engel in der Sonne, Acryl, von Reinhard Zimmermann, Arberg-Mörsach am Altmühlsee, Foto: Peter Helbich, Vellmar
Satz: Satz!zeichen, Landesbergen
Druck und Einband: Těšínská tiskárna, a.s., Český Těšín
Printed in Czech Republic
ISBN 978-3-579-05896-2

www.gtvh.de

Inhaltsverzeichnis

Segen bei Lebensveränderungen und Lebenskrisen

Segen bei Krankheit und Behinderung

Segen am Lebensende

Vorwort

Rituale für den Alltag

Unser Leben ist durch eine Fülle von Ritualen geprägt. Rituale haben sich im Lauf der Menschheitsgeschichte als immer wiederkehrende und wiederholende Erinnerung an Sinn und Zweck des Lebens, seiner Zeiten und seiner oft unergründlichen Ereignisse erwiesen. Aber zugleich haben sie auch Orientierung für die Zukunft vermittelt.

Rituale haben ursprünglich ihre Wurzeln im Religiösen, auch wenn sie heute vielfach stärker weltlich als religiös oder christlich verstanden werden. So unterscheiden wir im Gegensatz zu früheren Generationen zwischen weltlichen (profanen) und christlichen (sakralen) Ritualen. Rituale wie zum Beispiel die Volksfeste (Oktoberfest), der 1. Mai, der Muttertag oder der »Tag der Deutschen Einheit« werden nicht aus religiösen Motiven gefeiert. Auch wenn es manchen nicht mehr ganz bewusst ist, so haben aber doch die wesentlichen Feste und Rituale unserer Zeit ausgesprochen christliche Wurzeln, so der Sonntag, Karneval, Aschermittwoch, Ostern, Pfingsten, Erntedanktag, Weihnachten, Silvester und Heilige Drei Könige (mit dem Zeichen C+M+B und der Jahreszahl an der Eingangstür), um nur einige zu nennen.

Christliche Rituale sind für unsere Lebensgestaltung unerlässlich, weil sie in kontinuierlicher Wiederholung an bestimmten Orten und zu bestimmten Zeiten Erinnerung, Vergewisserung, Bestätigung, Sinnfindung und Auftrag darstellen. Wie wichtig sind allein die kirchlichen Trauer- und Beerdigungsrituale in unserer Zeit zur Bewältigung des Schmerzes und des tiefen Einschnittes in einem Lebenslauf, in dem der Tod immer mehr als Störfaktor und nicht als Übergang empfunden wird!
Aber auch die Rituale bei der Taufe, der Konfirmation, der Hochzeit, in Lebenskrisen und Krankheit sind für jeden einzelnen Menschen von unbedingter Notwendigkeit. Wenn unser Leben einer gravierenden Veränderung oder einem grundlegenden Neuanfang ausgesetzt ist, benötigen wir Orientierung für den weiteren Weg. Rituale sind wichtig, weil sie deuten und nahebringen, was gerade mit uns geschieht und wie wir es für die Lebensgestaltung aufnehmen und im Prozess des Übergangs in eine neue Situation annehmen.

Die Feier des Gottesdienstes ist eine Verknüpfung von einzelnen Ritualen, die zum Beispiel geordnet in den Agenden, den liturgischen Büchern, und im Gesangbuch zu finden sind. Schon das Glockengeläut, der Einzug bzw. der Eintritt in die Kirche, das stille Gebet gehören dazu. Allein die Feier des Heiligen Abendmahls, der Eucharistie, bedarf eines festen Rituals, damit in Wort und Zeichen, Brot und Wein das Geheimnis des Sakramentes nicht verloren geht. So ist der Gottesdienst letztlich ein sehr sinniger und in der Tradition der Kirche gewachsener Ablauf einzelner Rituale. Insofern gehören Rituale einfach zum Vollzug des Glaubens dazu. Rituale brauchen Zeichen und Gesten, Wiederholung im Sinn von festgelegten Verlaufs- und Verhaltensmustern, die sich eben in der Wiederholung erschließen. Rituale müssen nicht erklärt werden, sie erschließen sich selbst und sie stellen eine Einheit von Erfahrung und Vollzug dar.

In diesem Buch legen wir ein kleines »spirituelles Übungssystem«, also einfache Rituale mit geistlicher Dimension für den Alltag vor, die für den Empfang und die Weitergabe des Segens eine Hilfe sind; denn Rituale gliedern den Alltag, strukturieren und durchdringen ihn. Es geht um Rituale des Anfangs (z. B. Geburt, Taufe, Schulanfang), der Trennung (z. B. Abschied, Umzug), des Übergangs (z. B. Berufswechsel,

Krankheit, Eintritt in den Ruhestand) und der Eingliederung (z. B. Eintritt in den Kindergarten, Konfirmation als Aufnahme in die Gemeinde), also um elementare Erfahrungen, Erinnerungen, Gedenktage, Veränderungen, Einschnitte und Umbrüche in unserem Leben. Ein Leben, das wir in dieser Welt immer im Angesicht der Ewigkeit und letztlich im Blick auf die Ewigkeit leben. »Rituale des Segnens« in unserem Leben bedeuten auch immer Bitte um die göttliche Gnade und um die Durchdringung unseres Glaubens, unseres Denkens, Fühlens und Handelns mit dem Heiligen Geist.

»Gottes Segen ist Geschenk, wir müssen ihn nicht machen und seine Wirkung nicht verantworten. Für Segensrituale gilt die Grundhaltung der offenen Hände. Wir bereiten uns und empfangen Segen. Als Gesegnete geben wir weiter. Rituale brauchen einen guten, vertrauten Raum, in dem wir uns öffnen und auf Gottes Barmherzigkeit verlassen können. Tragende Rituale sind einfach, ganz einfach und schön. Sie erlauben uns, im Raum des Vertrauten geborgen zu sein. Wir dürfen empfangen und uns berühren lassen. Die Form des Rituals lässt Segnende und Empfangende wie ein Gefäß sein« (Friederike Immanuela Popp).

Und bei Dietrich Bonhoeffer lesen wir: »Vom Segen Gottes und der Gerechten lebt die Welt und hat sie eine Zukunft. Segnen heißt die Hand auf etwas legen und sagen: Du gehörst trotz allem zu Gott. So tun wir es mit der Welt. Wir verlassen sie nicht, wir verwerfen, verachten, verdammen sie nicht, sondern wir rufen sie zu Gott.«

Der Herr lasse sein Angesicht leuchten über dir und hebe sein Angesicht über dich – ein herrliches Bild im Aaronitischen Segen von der Zuneigung Gottes zu uns. Weil Gott uns liebt, sieht er uns an. Und wenn wir einem Kind segnend die Hand auflegen und es dabei ansehen, ihm unser Gesicht zuwenden, dann spürt und sieht es etwas von der Liebe Gottes und der Kraft des Segens.

Weil Gott uns liebt, kommt er uns in und durch seinen Sohn Jesus Christus ganz nahe. Segen kommt über uns in der Nähe Gottes und in der Begegnung mit ihm, in Jesus Christus bei der Feier des Abendmahls, und in der pfingstlichen Bitte um den Heiligen Geist »Veni Sancte Spiritus« (Komm, Heiliger Geist). Denn wer sich dem Segen Gottes öffnet, der lässt sich auch auf die Wirkung des Geistes ein. Dann beginnt etwas zu wirken, über das wir nicht verfügen können. Ein bekanntes Wort von Martin Luther King führt uns diese segnende Kraft sehr eindrucksvoll und glaubensstark vor Augen: »Komme, was mag. Gott ist mächtig. Wenn unsere Tage verdunkelt sind und unsere Nächte finsterer als tausend Mitternächte, so sollen wir stets daran denken, dass es *in der Welt eine große segnende Kraft gibt, die Gott heißt.* Gott kann Wege aus der Ausweglosigkeit weisen. Er will das dunkle Gestern in ein helles Morgen verwandeln – zuletzt in den leuchtenden Morgen der Ewigkeit.«

In der nachfolgenden Einleitung werden Sie Erklärungen, Bedeutung und praktische Hinweise auch zum Segnen mit dem Kreuzzeichen und dem Sich-Bekreuzigen finden. Wir sollten trotz mancher noch vorhandenen Vorbehalte aus vergangenen Zeiten die Zurückhaltung überwinden, mit dem Zeichen des Kreuzes als eines wesentlichen Merkmals der Rituale des Segnens uns zu dem dreieinigen Gott zu bekennen, sichtbar und ohne Scheu. Es wäre schön, wenn dieses Buch mit den »Ritualen des Segnens« Sie dazu ermutigen könnte!

Hermann Schoenauer
Rektor der Diakonie Neuendettelsau

Einleitung

Unter dem Segen Gottes leben

Das deutsche Wort »segnen« kommt vom lateinischen Wort »signare«, das heißt: jemand oder etwas wird mit einem Zeichen versehen, also im christlichen Sinne mit dem Zeichen des Kreuzes. Der Geber des Segens ist Gott. Er sieht den Menschen an und spricht: »Ich will dich segnen und du sollst ein Segen sein« (1. Mose 12,2). Jesus segnete die Menschen. Zum Beispiel in der Begegnung mit den Kindern steht geschrieben: »Und Jesus herzte sie und legte die Hände auf sie und segnete sie« (Markus 10,16). Diese Segenshandlung ist mit der göttlichen Zärtlichkeit und mit dem liebevollen Blick verbunden. Dazu gehört die Auflegung der Hände als eine sichtbare und spürbare Berührung. Der ganze Mensch mit Leib, Seele und Geist ist damit einbezogen. Und diese Handlung hat heiligen Charakter, denn Gott selbst will damit den Menschen berühren.

Den Segen des Himmels besitzen und verwalten wir nicht, sondern erbitten ihn und dürfen ihn einem anderen zusprechen. Nur als selbst vom Herrn Gesegnete haben wir die Vollmacht, den Segen weiterzugeben. Wenn wir uns »bekreuzigen«, erbitten wir den Segen für uns. Wir bekennen uns sichtbar zu Christus und wir schützen uns mit dem gezeichneten Kreuz vor der Macht des Bösen. Wenn wir einem anderen die Hände auflegen und mit dem Zeichen des Kreuzes segnen, geben wir im Namen Gottes, des Vaters, und des Sohnes und des Heiligen Geistes die Kraft des Segens an ihn weiter. »Segnen heißt auch: mit gesprochenen Worten, Menschen oder Gegebenheiten hell, ja heilig machen, die Kraft Gottes für sich und andere wirksam machen dürfen, für Menschen und Angelegenheiten das Gute Gottes herbeizuwünschen« (Elisabeth Kinberger).

Der göttliche Segen ist die Leben schaffende und unser Leben erhaltende Kraft. Weil Gott uns liebt, sieht er uns an, das heißt, er lässt sein Angesicht leuchten über uns. Und wenn Gott uns ansieht, wendet er sich mit seiner ganzen Liebe uns zu und schenkt uns Frieden. Frieden im Sinne von Schalom, von Heil und Rettung, von Glück und Freude, von Erlösung und ewigem Leben. Mit dem Segen erhalten wir Leben inmitten von Tod, Hoffnung inmitten von Resignation, die wunderbare und verwandelnde Kraft des Heiligen Geistes, und den Blick für das zukünftige Leben in Gott. Segen ist eine Gnade, die nur Gott uns gewähren kann, wenn wir ihm unser Herz ganz öffnen. Segen ist immer ein Geschenk.

»Der Segen ist der Ort höchster Passivität. Die Schönheit, die Kraft, die Lebensstärke und die Ganzheit garantieren wir uns nicht selbst. Wir empfangen sie im Blick, der auf uns ruht. Der Segen ist der Ort, an dem wir werden, weil wir angesehen werden. Es leuchtet ein anderes Antlitz über uns als das eigene. Es ist ein anderer Friede da als der mit Waffen erkämpfte und eroberte. Der Ausgang und der Eingang sind nicht von eigenen Truppen bewacht, sie sind von Gott behütet. Welche Erwachsenheit, wie viel Aggressionslosigkeit und wie viel Mut gehören dazu, nicht auf sich selber zu bestehen und auf alle Panzer des Selbstschutzes zu verzichten. Sich der Güte des fremden Blicks zu verdanken, sich segnen zu lassen ist eine hohe Kunst.« (…) »Ich schätze die Segensformel auch deswegen, weil ich beim Segen nicht denken will, nicht als Segnender und nicht als Gesegneter. Ich möchte mich einschmiegen in die wiegende Bewegung der Formel, fallen lassen in ihr Bild. Ich möchte also nicht gespannt und aufmerksam sein, nicht an dieser Stelle. Dazu brauche ich aber einen Gestus oder ein Wort, das ich kenne, das sich schon oft wiederholt hat und

das mir nicht die Mühe der Bewusstheit abverlangt«
(Fulbert Steffensky).

Von der Geburt bis zum Tag unseres Sterbens will
uns der Segen Gottes begleiten, helfen, trösten und
mit der Gotteskindschaft auszeichnen. Der Segen
ist gleichsam wie ein Siegel zur Bewahrung für die
Ewigkeit. Es liegt also doch nahe, dass wir immer
wieder in unserem Leben, besonders an den ent-
scheidenden Schnittstellen unseres Lebenslaufes,
diesen Segen erbitten und uns zusprechen lassen.
Dazu möchte dieses Buch »Leben segnen. Rituale
für den Alltag« Ihnen in Ihrem privaten Bereich und
für den Dienst am Menschen in Kirche und Diakonie, wo so viele auf Zeichen des Segens warten, ein
täglicher Begleiter sein.

Zeichen des Kreuzes

Das Kreuzzeichen ist die spezifisch christliche Form
des Segens über sich selbst und andere. »Mit einem
Zeichen versehen, um Eigentum zu kennzeichnen,
ist schon vorchristlicher Brauch. So trugen nicht sel-
ten Sklaven das Zeichen ihres Herrn (Name, An-
fangsbuchstaben u.Ä.) an der Stirn. So gehört die
Besiegelung der Stirn mit dem Kreuzeszeichen

schon früh zu den Einführungszeremonien in den Katechumenat (= Vorbereitung eines Taufbewerbers auf die Aufnahme in die Kirche durch die Taufe), die auch Eltern und Paten vollziehen. Durch dieses Besitzzeichen auf der Stirn bekennt sich der Betreffende zugleich zu Christus und vertraut auf die Rettung durch ihn; er stellt sich unter den Schutz des Kreuzes, das nach alter Überzeugung die Dämonen vertreibt« (Rupert Berger).

Die Art des Kreuzzeichens hat sich im Laufe der Geschichte gewandelt. In den christlichen Konfessionen werden noch heute unterschiedliche Formen gepflegt. Das Kreuzzeichen selbst geht auf die frühe Christenheit zurück. Die ersten Belege stammen aus dem zweiten Jahrhundert. Damals wurde das Kreuzzeichen mit einem Finger, mit dem Daumen oder dem Zeigefinger, gemacht. Dabei wurde das Kreuzzeichen zunächst nur auf die Stirn gezeichnet, später über das ganze Gesicht (von der Stirn über die Nase zum Mund und beiden Augen). Der Vollzug des Kreuzzeichens mit einem Finger mag den Glauben an den einen Gott ausgedrückt haben. Athanasius von Alexandria nennt zu Beginn des vierten Jahrhunderts das Kreuzzeichen als Beispiel für einen uralten christlichen Brauch, der dennoch nicht in der Bibel erwähnt ist; damit wendet er sich gegen die Ansicht, sämtliche Aspekte des Christentums ließen sich aus den biblischen Schriften herleiten.

Im achten Jahrhundert kam der Brauch auf, sich mit zwei Fingern – Zeige- und Mittelfinger – zu bekreuzigen. Das Kreuzeichen wurde seitdem von der Stirn bis zur Brust gemacht. Durch die Verwendung von zwei Fingern wird auf die göttliche und menschliche Natur Jesu Christi gewiesen. Parallel dazu entwickelte sich die Form des Kreuzeichens mit drei Fingern, Daumen, Zeige- und Mittelfinger, als Symbol für die Dreifaltigkeit. Seit dem 13. Jahrhundert ist dies die vorherrschende Form des Kreuzeichens in der Ostkirche. In der Westkirche hat sich der Vollzug mit ausgestreckten Fingern durchgesetzt, was als Ausdruck für die fünf Wundmale Christi gedeutet wird.

Leider ist unter den evangelischen Christen der sinnvolle und notwendige Brauch des Segnens mit dem Zeichen des Kreuzes fast verloren gegangen. Für Martin Luther war es noch selbstverständlich: »Des Morgens, wenn du aufstehst, kannst du dich segnen mit dem Zeichen des Heiligen Kreuzes und sagen: Das walte Gott Vater, Sohn und Heiliger Geist.« Ist es doch ein Zeichen der Demut und der Bereitschaft, sich der segnenden Kraft Gottes zu öffnen. In der ökumenischen Begegnung mit den katholischen oder den orthodoxen Christen können wir wieder von der sichtbaren und spürbaren Wirkung des Kreuzeszeichens erfahren und daraus lernen, dass es eine tiefere Bedeutung für unser geistliches Leben haben kann. Es gibt noch etwas Größeres und Stärkeres außerhalb unseres Lebens, das seine heilende Kraft in uns wirksam werden lassen will. Romano Guardini lenkt in seinem Büchlein »Von heiligen Zeichen« unsere Aufmerksamkeit behutsam auf »die sichtbaren Zeichen unsichtbarer Gnade«:

»Du machst das Zeichen des Kreuzes, machst es richtig. Kein hastiges, verkrüppeltes, bei dem man nicht weiß, was es bedeuten soll, sondern ein richtiges Kreuzzeichen, langsam, groß, von der Stirn zur Brust, von einer Schulter zur anderen. Fühlst du, wie es dich ganz umfasst? Sammle dich recht; alle Gedanken und dein ganzes Gemüt sammle in dieses Zeichen, wie es geht von der Stirn zur Brust, von Schulter zu Schulter. Dann fühlst du: ganz umspannt es dich, Leib und Seele; nimmt dich zusammen, weiht dich, heiligt dich. Warum? Es ist das Zeichen des Alls – und das ist das Zeichen der Erlösung. Am Kreuz hat unser Herr alle Menschen erlöst; die Geschichte, die Welt. Durch das Kreuz heiligt Er den Menschen, ganz bis in die letzte Faser seines Wesens. Darum machen wir es vor dem Beten, damit es uns ordne und sammle, Gedanken und Herz und Willen in Gott fasse. Nach dem Gebet, damit in uns bleibe, was Gott uns geschenkt hat. In der Versuchung, dass Er uns stärke. In der Gefahr, dass Er uns schütze. Beim Segen, auf dass Gottes Lebensfülle hereingenommen werde in die Seele und alles darinnen befruchte und weihe. Denke daran, sooft du das Kreuzzeichen machst. Es ist das Zeichen einfachhin, das Zeichen Christi. Mache es recht: langsam, groß, mit Bedacht. Dann umfasst es dein ganzes Wesen, Gestalt und Seele, deine Gedanken und deinen Willen, Sinn und Gemüt, Tun und Lassen, und alles wird darin gestärkt, gezeichnet, geweiht, in der Kraft Christi, im Namen des Dreieinigen Gottes.«

Der Hand kommt eine tragende Bedeutung beim Segnen mit dem Kreuz zu. »In besonderer Weise aber sind Antlitz und Hand Werkzeug und Spiegel der Seele. Vom Antlitz ist es ohne Weiteres klar. Aber beobachte einmal bei irgendeinem Menschen – oder bei dir selbst –, wie eine Bewegung des Gemütes, Freude, Überraschung, Erwartung sich in der Hand kundtun. Verrät nicht oft ein rasches Heben oder leichtes Zucken der Hand mehr als selbst das Wort? Scheint das gesprochene Wort nicht zuweilen grob neben ihrer leisen, so viel sagenden Sprache? So kann es gar nicht anders sein, als dass die Hand auch dort ihre Sprache hat, wo die Seele so besonders viel sagt – oder vernimmt – vor Gott; wo sie selbst geben und Ihn empfangen will: im Gebet. Schön und groß ist die Sprache der Hand. Von ihr sagt die Kirche, dass wir ›die Seele darin tragen‹.« Und Guardini führt weiter aus: »Seinen Ausdruck findet der Segen durch die Hand, durch die Gebärde. Sie legt sich auf das Haupt, dass durch sie überströme, was von oben, aus der Macht Gottes kommt. Sie formt das Zeichen des Kreuzes auf die Stirn, oder über der Gestalt, dass sich durch sie Gottes Fülle ergieße. Denn die Hand ist das Spendende; sie schafft, sie formt und schenkt.«

Sich-Bekreuzigen

Katholischer Ritus

Das Große Kreuzzeichen

Beide Hände werden vor der Brust vereint bzw. gefaltet. Dann wird die linke Hand flach auf die Brust gelegt und die rechte Hand mit ausgestreckten und aneinander geschlossenen Fingern bis zur Stirn erhoben, wobei die innere Handfläche dem Körper bzw. der Stirn ganz zugekehrt ist.
Mit den Spitzen der ersten drei Finger berührt man die Stirn und spricht »Im Namen des Vaters«, ohne das Haupt dabei zu neigen. Dann führt man in ge-

rader Linie die Hand bis zur Brust hinab, berührt diese und spricht »und des Sohnes«. Danach führt man die Hand zur linken Schulter, berührt diese und spricht »und des Heiligen«, dann zur rechten Schulter, berührt diese ebenfalls und spricht »Geistes«. Abschließend vereint man bei »Amen« die Hände wieder vor der Brust. Lateinisch spricht man: »In nomine Patris et Filii et Spiritus Sancti.«

Das kleine Kreuzzeichen

Darüber hinaus praktiziert die katholische Kirche noch die Form des kleinen Kreuzzeichens, bei der mit geschlossener oder offener Hand und abgespreiztem Daumen der Daumen in Form eines kleinen Kreuzes bewegt wird. In der Liturgie vor dem Evangelium wird so ein Kreuz jeweils auf Stirn, Mund und Brust gezeichnet, zum Ausdruck dafür, dass der Gläubige das Wort Gottes verstehen, verkündigen und verinnerlichen will. Mit dem Kreuzzeichen segnen Katholiken sich selbst oder andere, indem sie entweder mit der Hand ein Kreuz schlagen oder die Stirn des zu Segnenden damit bezeichnen.

Orthodoxer Ritus

In der Orthodoxen Kirche sind beim Sich-Bekreuzigen Daumen, Zeige- und Mittelfinger zusammengelegt und ausgestreckt; Ringfinger und kleiner Finger berühren die Handfläche. Die drei ausgestreckten Finger stehen für die Dreifaltigkeit und die zwei übrigen Finger für die zwei Naturen Christi sowie sein erstes Kommen und seine erwartete Wiederkunft. Das Kreuzzeichen wird von der Stirn über die Brust zu den Schultern gemacht, wobei im Gegensatz zur heute in der katholischen Kirche üblichen Form zunächst die rechte und dann die linke Schulter berührt wird.

Das Kreuzzeichen heißt auch »Das kleine Glaubensbekenntnis«, denn die drei zusammengelegten Finger bringen zum Ausdruck: »Ich glaube an den dreieinigen Gott«, und die zwei zur Handfläche gedrückten Finger: »Ich bekenne, dass Christus zwei Naturen hat, eine göttliche und eine menschliche.«

Evangelischer Ritus

Das Sich-Bekreuzigen wird in Evangelischen Kirchen zurückhaltend gepflegt, obwohl es durch viele Jahrhunderte eine vertraute Praxis war. Evangelische Christen lehnen das Bekreuzigen jedoch nicht ab. Wir sollten aber diese Tradition wieder aufnehmen. Interessant ist, dass in der Evangelisch-Lutherischen Kirche Schwedens bei etwa 80 Prozent der Gläubigen das »Sich-Bekreuzigen« im Gottesdienst selbstverständlich ist. Schon Martin Luther schreibt im Kleinen Katechismus über den Morgen- und Abendsegen: »Des Morgens, so du aus dem Bette fährest, magst du dich segnen mit dem Zeichen des heiligen Kreuzes und sollst sagen: Das walte Gott Vater, Sohn und Heiliger Geist. Amen. Des Abends, wenn du zu Bette gehst, magst du dich segnen mit dem Zeichen des heiligen Kreuzes und sollst sagen: Das walte Gott Vater, Sohn und Heiliger Geist. Amen.« Und in seiner Auslegung des 2. Gebotes im Großen Katechismus hat Luther darauf hingewiesen, dass der Name Gottes ständig und regelmäßig angerufen werden soll: »Dazu dient auch, dass man sich's angewöhnt, sich täglich Gott anzubefehlen mit Seele und Leib, Weib, Kind, Gesinde und allem, was wir haben, für alle zufallende Not. Und dass man sich bekreuzigt, wenn man etwas Ungeheuerliches und Schreckliches sieht oder hört, und dann sagt: Herr Gott, behüte! oder: Hilf, lieber Herr Christus!« Auch sollte heute das »Sich-Bekreuzigen« beim Eintritt in die Kirche, bei der Nennung der Trinität und beim Schlusssegen des Gottesdienstes in der evangelischen Kirche aufgenommen und praktiziert werden.

Der Aaronitische Segen

Im 4. Buch Mose, als das Volk Israel sich auf den Aufbruch zum Zug durch die Wüste vorbereitet, wird Mose beauftragt, Aaron und seinen Söhnen zu sagen: »So sollt ihr sagen zu den Israeliten, wenn ihr sie segnet: Der Herr segne dich und behüte dich; der Herr lasse sein Angesicht leuchten über dir und sei dir gnädig; der Herr hebe sein Angesicht über dich und gebe dir Frieden. Denn ihr sollt meinen Namen auf die Israeliten legen, dass ich sie segne« (4. Mose 6,23–27). Segnen heißt auch, den Namen Gottes auf einen anderen legen. »Die Menschen brauchen sichtbare Zeichen der Gegenwart Gottes in Feuersäule, Wolke und Stiftshütte, dem Ort der Einwohnung Gottes. Der mitziehende Gott gibt sich im Segen. Er vertraut Mose ein kostbares Ritual an, das mit Hand und Namen vollzogen wird. Wort und Zeichen verbinden sich. (...) Der Aaronitische Segen versichert uns Gottes Schutz in Übergängen: Behütung für einen Weg oder für das Hineingehen in die Nacht, in die Dunkelheit, auch in innere Einsamkeit. Der Segen umhüllt gleichsam die Seele mit Frieden und Heil. Statt vieler guter Wünsche, verdichtet der Segen das, was wir brauchen, wenn wir Abschied nehmen und uns und andere der Zukunft in Gott anvertrauen« (Friederike Immanuela Popp).

Darum ist es gut und hilfreich, wenn wir in allen Phasen und Situationen unseres Lebens, in frohen und dankbaren, aber auch in dramatischen und erschütternden, vertraute Worte auswendig und damit inwendig haben. So werden wir gleichsam eins mit den Worten des Segens und können diesen auch anderen zusprechen. Immer sind diese Worte mit dem Zeichen des Kreuzes und mit der Handauflegung in dieser kleinen Liturgie des Segnens verbunden.

Trinitarisches Segnen

Segnen geschieht immer im Namen Gottes, der mich geschaffen hat. Im Namen Jesu, der mich liebt und erlöst. Im Namen des Heiligen Geistes, der mir Glauben und Erleuchtung schenkt. Im Glaubensbekenntnis (Credo) und in Luthers Erklärungen zu den drei Glaubensartikeln ist die ganze Fülle dessen enthalten, was wir beim Segnen einem Menschen zusprechen: 1. Die Erschaffung und Bewahrung des Lebens in dieser Welt (*Ich glaube, dass mich Gott geschaffen hat samt allen Kreaturen*). 2. Die Erlösung vom Tod durch Christi Auferstehung (*Ich glaube, dass Jesus Christus, wahrhaftiger Gott vom Vater in Ewigkeit geboren und auch wahrhaftiger Mensch von der Jungfrau Maria geboren, sei mein Herr*). 3. Den Heiligen Geist, der mich erleuchtet und im rechten Glauben erhält (*Der Heilige Geist hat mich durch das Evangelium berufen, mit seinen Gaben erleuchtet*).

Das tiefste Geheimnis und die innerste Mitte der von Gott aus Liebe geschaffenen Welt ist der österliche Glaube, dass Gott schon in dieser Welt sein Reich wachsen lässt, dass gleichsam durch die Auferstehung Jesu der Himmel in die vergängliche Zeit hineinragt und die Verwandlung und Vollendung der Schöpfung anbricht. »Ist jemand in Christus, so ist er eine neue Kreatur; das Alte ist vergangen, siehe, Neues ist geworden« (2. Korinther 5,17).

Das Kreuz mit seiner horizontalen und seiner vertikalen Linie umfasst durch seine vier Enden nicht nur die Himmelsrichtungen, sondern auch die vier Jahreszeiten, die vier Lebensalter und die vier Elemente. Es schließt aber auch den gesamten Kosmos mit ein. Es reicht über die irdische in die kosmische Dimension, das heißt, es schließt die ganze Schöpfung ein, zwischen der und dem Menschen ein untrennbarer Zusammenhang besteht. Unter dem Zeichen des Kreuzes sind wir mit der sichtbaren und unsichtbaren Wirklichkeit verbunden. Als die seit unserer Taufe mit dem Kreuz Gesegneten tragen wir schon die ersten Anzeichen der neuen Schöpfung.

Christi Auferstehung ist nicht nur individuell, sondern auch universal, das heißt auf den ganzen Kosmos bezogen. Der Anbruch der neuen Welt Gottes ist ein alles umfassendes Geschehen.

So eröffnet der Segen Gottes in dieser Hoffnung und Vision jedem einzelnen Menschen sowie der ganzen Schöpfung letztlich die Vollendung.

Ritual des Segnens im täglichen Leben

Jeder darf segnen

Segnen darf nach unserem Verständnis jeder Mann und jede Frau. Also nicht nur der Geistliche, sondern auch der Laie. Wer selbst mit dem Zeichen des Kreuzes den Segen empfangen hat, darf und soll diesen auch weitergeben.

Sich-Bekreuzigen und Zuspruch des Segens

Mit der offenen Hand und aneinander gelegten Fingern bekreuzigen wir uns von der Stirne über die Brust an die rechte und an die linke Schulter. Wir können aber auch mit der Hand nach orthodoxem Ritus – Daumen, Zeige- und Mittelfinger an den Spitzen zusammengelegt und leicht nach innen gebogen, Ringfinger und kleiner Finger berühren die Handfläche – das Zeichen des Kreuzes machen. Das verleiht der Segensgeste wegen des Bezugs zur Drei-Einigkeit und der zwei Naturen Jesu einen starken Ausdruck.

Auch wenn wir uns beim Bekreuzigen selbst den Segen zusprechen, ist seine Verheißung gültig!

Beim Zusprechen des Segens wenden wir uns dem anderen zu. Wir können ihm das Kreuz auf die Stirn zeichnen oder die Hand auflegen mit den Worten: *Ich segne dich im Namen Gottes, des Vaters, des Sohnes und des Heiligen Geistes. †* Oder mit erhobenen Händen, deren Handflächen nach vorne zeigen, und am Ende des Segenswortes das Kreuz zeichnend mit der rechten Hand: *Der Herr segne dich und behüte dich. Der Herr lasse sein Angesicht leuchten über dir und sei dir gnädig. Der Herr hebe sein Angesicht über dich und gebe dir Frieden! †*

Segensgesten

Segnen der Hand

Ein schönes Ritual ist die Segnung der Hand, mit der Christen einander in Erinnerung an die sie verbindende Taufe den Segensgruß weitergeben. In die Handfläche der rechten Hand wird das Kreuz gezeichnet. Diese Hand empfängt den Segen für Leib, Seele und Geist. Sie gibt den Segen aber auch wieder an den anderen weiter als Zeichen der Zuwendung Gottes.

Zeichen des Kreuzes auf der Stirn

Das Kreuzzeichen selbst geht auf das Urchristentum zurück. Die frühesten Belege stammen aus dem zweiten Jahrhundert. Das Zeichnen des Kreuzzeichens auf die Stirn oder Brust mit nur einem Finger hat den Glauben an den einen Gott ausgedrückt. Diese Tradition hat sich bis heute erhalten, beispielsweise bei der Taufe oder wenn die Mutter das Kind beim Verlassen des Hauses mit dem Kreuz auf die Stirn segnet.

Segnung des Kranken mit Öl

Heilsam für Leib, Seele und Geist ist das Öl für den Kranken. Wir sprechen Gebete über den Kranken und salben mit biblischem Salböl und mit dem Zeichen des Kreuzes seine Stirn und seine Hände.

Segen

für den Tages- und Jahreslauf

# Morgensegen

Der Morgen bringt mir das Licht, das am Abend zuvor erlosch. Licht weckt das Leben in der Natur und in der Kreatur. Das Lied der Vögel erklingt und der Tau auf der Wiese erfrischt das Gras und die Blumen. Wunderbar sind die ersten Stunden in der Morgenzeit, wenn ich mich aus dem Schlaf erhebe. Es ist das Licht, das die Schatten meiner Nacht vertreiben will. Meine Augen erkennen die Vielfalt der Farben und ich atme die Luft und alles riecht nach neuem Leben. Jeder Morgen ist wie eine kleine Auferstehung in der Erinnerung an die Auferstehung Jesu am Ostermorgen. Seit diesem Morgen ist jeder Morgen für mich Aufbruch und Anbruch eines neuen Lebens. Vor mir liegen die Stunden des Tages, die Gott mit Leben und seinen Gaben füllen will. Ich werde mein Herz öffnen, um ihn zu empfangen. Ich strecke meine geöffneten Hände wie eine Schale ihm entgegen. Und dabei bitte ich Gott um seinen Segen für diesen Tag.

Segensfeier

Im Namen Gottes, des Vaters, des Sohnes und des
Heiligen Geistes. † Amen.

Segenswort
Möge das Lied des Vogels und das Licht des
Morgens deine Seele wecken und du die Stimme
des auferstandenen Christus hören und in deinem
Herzen bewahren.

Psalmgebet
Ich hebe meine Augen auf zu den Bergen.
Woher kommt mir Hilfe?
Meine Hilfe kommt vom Herrn,
der Himmel und Erde gemacht hat.
Er wird deinen Fuß nicht gleiten lassen,
und der dich behütet, schläft nicht.
Siehe, der Hüter Israels
schläft und schlummert nicht.
Der Herr behütet dich;
der Herr ist dein Schatten über deiner rechten
Hand,
dass dich des Tages die Sonne nicht steche
noch der Mond des Nachts.
Der Herr behüte dich vor allem Übel,
er behüte deine Seele.

Der Herr behüte deinen Ausgang und Eingang
von nun an bis in Ewigkeit!
(Psalm 121)

Lied
All Morgen ist ganz frisch und neu
des Herren Gnad und große Treu;
sie hat kein End den langen Tag,
drauf jeder sich verlassen mag.

O Gott, du schöner Morgenstern,
gib uns, was wir von dir begehrn:
Zünd deine Lichter in uns an,
lass uns an Gnad kein Mangel han.

Treib aus, o Licht, all Finsternis,
behüt uns, Herr, vor Ärgernis,
vor Blindheit und vor aller Schand
und reich uns Tag und Nacht dein Hand,

zu wandeln als am lichten Tag,
damit, was immer sich zutrag,
wir stehn im Glauben bis ans End
und bleiben von dir ungetrennt.
(EG 440,1–4)

*Raum für Stille (Was erwartet mich heute? Was muss
ich beachten, wenn ich anderen Menschen begegne?)*

Segenswunsch
Möge dieser Tag ein Tag unter dem Segen
Gottes sein.
Und möge dir das gelingen, was dir und deinem
Nächsten zum Leben hilft.

Segnen mit dem Zeichen des Kreuzes
Der Herr segne dich und behüte dich. Der Herr
lasse sein Angesicht leuchten über dir und sei dir
gnädig. Der Herr hebe sein Angesicht über dich
und gebe dir Frieden. † Amen.

Gebet
Ich danke dir, mein himmlischer Vater,
durch Jesus Christus, deinen lieben Sohn,
dass du mich diese Nacht vor allem Schaden
und Gefahr behütet hast;
und bitte dich, du wollest mich diesen Tag
auch behüten vor Sünden und allem Übel,
dass dir all mein Tun und Leben gefalle.
Denn ich befehle mich, meinen Leib und Seele
und alles in deine Hände.
Dein heiliger Engel sei mit mir, dass der böse Feind
keine Macht an mir finde. Amen.
Luthers Morgensegen

Vater unser im Himmel ...

Wir schließen, indem wir uns bekreuzigen und
dabei sprechen:
Es segne uns Gott, der Vater, der Sohn und der
Heilige Geist. † Amen.

# Mittagsegen

In der Mitte des Tages halte ich inne. Ich blicke auf das bisher Geschehene und wende meine Aufmerksamkeit Gott zu, der mir den Tag geschenkt hat. Mittag ist auch Einladung zu einer kurzen Rast, wie eine Station auf meinem Wege. Die Kräfte meines Leibes, die Spanne meiner Seele und die Kreativität meines Geistes benötigen einen Ruhepunkt. Es tut gut, einen Augenblick der Ent-Spannung nach den angespannten Aktivitäten zu haben. Für eine kurze Zeit darf ich loslassen, Abstand nehmen, mich von außen nach innen wenden. So wie nun der Leib mit der Speise gestärkt wird, so soll auch in meine Seele das Wort fallen, das erfrischt, ermutigt und Hoffnung schenkt. Und ich kann sprechen: »Herr, sprich nur ein Wort, und meine Seele wird gesunden. Herr, lass mein Gebet vor die laut werden. Herr, höre auf die Stimme meiner Sehnsucht.« Dann wende ich mich wieder nach außen. Meine Aufmerksamkeit gilt von Neuem meiner Aufgabe, den Menschen und den Dingen des Tages. Ich will wachsam sein in allem, was ich tue.

Segensfeier

Im Namen des Vaters, des Sohnes und des
Heiligen Geistes. † Amen.

Segenswort
Möge Gott inmitten des Tages deinen Blick auf
das Wesentliche lenken. Auf sein Wort, das dich
aufrichtet. Auf seine Liebe, die dein Herz stark
und unverzagt macht. Auf das Gebet zu ihm, das
deine Seele ermutigt.

Psalmgebet
Lobe den Herrn, meine Seele,
und was in mir ist, seinen heiligen Namen!
Lobe den Herrn, meine Seele,
und vergiss nicht, was er dir Gutes getan hat:
der dir alle deine Sünden vergibt
und heilet alle deine Gebrechen,
der dein Leben vom Verderben erlöst,
der dich krönet mit Gnade und Barmherzigkeit,
der deinen Mund fröhlich macht
und du wieder jung wirst wie ein Adler.
(Psalm 103,1–5)

Lied
Der Tag ist seiner Höhe nah.
Nun blick zum Höchsten auf,
der schützend auf dich niedersah
in jedes Tages Lauf.

Wie laut dich auch der Tag umgibt,
jetzt halte lauschend still,
weil er, der dich beschenkt und liebt,
die Gabe segnen will.
(EG 457,1.2)

Raum für Stille

Segenswunsch
Möge Gott dir in der Mitte des Tages einen
Augenblick der Rückkehr zu dir selbst
ermöglichen. Deine Kräfte sollen sich auf das
konzentrieren, woher dein Leben seine
Schwerkraft erhält. Möge dir Christus das Licht
auf deinem Wege sein. Möge der Heilige Geist
dir Liebe und Kraft zur Entfaltung deiner Gaben
geben. Und möge dein Herz weit und offen
werden für das, was Gott von dir erwartet.

Segnen mit dem Zeichen des Kreuzes
Der Herr segne dich und behüte dich. Der Herr lasse sein Angesicht leuchten über dir und sei dir gnädig. Der Herr hebe sein Angesicht über dich und gebe dir Frieden. † Amen.

Gebet
Schenke mir eine gute Verdauung, Herr, und auch etwas zum Verdauen. Schenke mir Gesundheit des Leibes mit dem nötigen Sinn dafür, ihn möglichst gut zu erhalten.
Herr, schenke mir Sinn für Humor, gib mir die Gnade, einen Scherz zu verstehen, damit ich ein wenig Glück kenne im Leben und anderen davon mitteile. Amen.
(Thomas Morus)

Vater unser im Himmel ...

Wir schließen, indem wir uns bekreuzigen und dabei sprechen:
Es segne uns Gott, der Vater, der Sohn und der Heilige Geist. † Amen.

Abendsegen

Am Abend ist die Zeit, in der der Rhythmus des Tages ausschwingen will in das gleichmäßige Schlagen meines Herzens. Zeit der Ruhe für alle Sinne. Der Abend ist der Übergang des Lichts in die Dunkelheit der Nacht, von der Unruhe und den vielen Stimmen des Tages in den Raum der Stille und des Schweigens. Es beginnt der Rückzug in mein Inneres. Noch gehen die Bilder und Worte mit mir, aber sie sind nun vergangen und gerinnen zur Erinnerung. Manches hat seine Spuren in meinem Herzen und in meiner Seele hinterlassen. Aber nun darf ich ablegen, loslassen und vergessen. Ich gebe Gott zurück, was ich empfangen habe in Gnade und Dankbarkeit. Es ist nun die Stunde, Gott um seinen Segen für die Nacht mit all dem Unbekannten an Träumen und Ereignissen zu bitten. Jeder Abend eines Tages erinnert mich auch an den Abend meines Lebens und der ganzen Welt. Die Schöpfung ist in Wandlung auf das Neue und auf die Ewigkeit. Ich lege mich nieder und schlafe geborgen unter dem Schutz des Höchsten.

Segensfeier

Im Namen Gottes, des Vaters, des Sohnes
und des Heiligen Geistes. † Amen.

Segenswort
Möge deine Seele zur Ruhe kommen und all die
Stimmen des Tages mögen der Stille und dem
Gebet zu Gott weichen. Denn Gott hat dem Tag
einen Anfang und ein Ende gesetzt, damit du die
Zeiten der Anspannung und der Entspannung
wahrnimmst.

Psalmgebet
Erhöre mich, wenn ich rufe,
Gott meiner Gerechtigkeit,
der du mich tröstest in Angst;
sei mir gnädig und erhöre mein Gebet!
Ich liege und schlafe ganz mit Frieden;
denn allein du, Herr, hilfst mir, dass ich sicher
wohne.
(Psalm 4,2.9)

Lied
Der Mond ist aufgegangen,
die goldnen Sternlein prangen
am Himmel hell und klar.

Der Wald steht schwarz und schweiget,
und aus den Wiesen steiget
der weiße Nebel wunderbar.
Wie ist die Welt so stille
und in der Dämmrung Hülle
so traulich und so hold
als eine stille Kammer,
wo ihr des Tages Jammer
verschlafen und vergessen sollt.
(EG 482,1.2)

Raum für Stille und Abschiednehmen vom Tag
(Was hat mich heute besonders bewegt?
Wofür kann ich danken?)

Segenswunsch
Möge der Herr seinen Engel für diese Nacht zu dir
schicken, dass er dich behüte vor allem Bösen und
vor aller Gefahr. Er möge dir den Schlaf schicken,
der dich stärkt an Leib, Seele und Geist. Er lasse
dich in die Tiefe sinken, aus der dir neue Kraft für
den Tag entsteht. Er möge mit der Stille dein Herz
und alle deine Sinne von Neuem mit der Kraft des
Geistes aus der Höhe beleben.
Und möge der Engel am Morgen dich rufen: Steh
auf und gehe deinen Weg!

Segnen mit dem Zeichen des Kreuzes
Der Herr segne dich und behüte dich. Der Herr
lasse sein Angesicht leuchten über dir und sei dir
gnädig. Der Herr hebe sein Angesicht über dich
und gebe dir Frieden. † Amen.

Gebet
Ich danke dir, mein himmlischer Vater,
durch Jesus Christus, deinen lieben Sohn,
dass du mich diesen Tag gnädiglich behütet hast;
und bitte dich, du wollest mir vergeben
alle meine Sünden, wo ich Unrecht getan habe,
und mich diese Nacht auch gnädiglich behüten.
Denn ich befehle mich, meinen Leib und Seele
und alles in deine Hände.
Dein heiliger Engel sei mit mir, dass der böse Feind
keine Macht an mir finde. Amen.
Luthers Abendsegen

Vater unser im Himmel ...

Wir schließen, indem wir uns bekreuzigen und
dabei sprechen:
Es segne uns Gott, der Vater, der Sohn und der
Heilige Geist. † Amen.

Beim Verlassen des Hauses

Es gibt Zeiten, wo ich das Haus verlasse, um mich auf den Weg zur Schule, zur Arbeit oder zum Einkauf zu machen. Und es gibt Anlässe, die wie Einschnitte in meinen Lebenslauf sind. Da verlasse ich das Haus, um in eine andere Stadt zu ziehen zur Ausbildung, eine neue Arbeitsstelle anzutreten oder um dort mit einem anderen Menschen zusammenzuleben und die Zukunft zu gestalten. So verlasse ich das Haus, den Ort, wo ich mich geborgen fühlte, in der Hoffnung, dort eine neue Heimat zu finden. Was ich hinter mir lasse, werde ich nicht vergessen. Ich denke an gute Menschen und Freunde, an vertraute Personen, die ein Stück meines Lebensweges mit mir gegangen sind. Nun lerne ich loszulassen, mich auf Neues einzustellen. Ich will mich auf Unbekanntes einlassen und freue mich über den Anfang eines neuen Lebensabschnitts. Ich sehe auf das Morgen. So nehme ich gelassen Abschied und verlasse mich darauf, dass der Herr mich segnet.

Segensfeier

Im Namen Gottes, des Vaters, des Sohnes und des Heiligen Geistes. † Amen.

Segenswort
Der Herr segne alle deine Wege. Wo immer du auch bist und wohin du auch immer gehst, er möge dich lehren, den rechten Weg zu gehen und das Ziel nicht aus den Augen zu verlieren.

Psalmgebet
Herr, zeige mir deine Wege
und lehre mich deine Steige!
Leite mich in deiner Wahrheit und lehre mich!
Denn du bist der Gott, der mir hilft;
täglich harre ich auf dich.
Gedenke, Herr, an deine Barmherzigkeit und an deine Güte, die von Ewigkeit her gewesen sind.
Gedenke nicht der Sünden meiner Jugend und meiner Übertretungen, gedenke aber meiner nach deiner Barmherzigkeit, Herr, um deiner Güte willen!
Der Herr ist gut und gerecht;
darum weist er Sündern den Weg.
Er leitet die Elenden recht
und lehrt die Elenden seinen Weg.
(Psalm 25,4–9)

Lied

Ach bleib mit deinem Worte
bei uns, Erlöser wert,
dass uns sei hier und dorte
dein Güt und Heil beschert.

Ach bleib mit deinem Segen
bei uns, du reicher Herr;
dein Gnad und alls Vermögen
in uns reichlich vermehr.
(EG 347,2.4)

Raum für Stille

Segnen mit dem Zeichen des Kreuzes
Der Herr segne dich und behüte dich. Der Herr
lasse sein Angesicht leuchten über dir und sei dir
gnädig. Der Herr hebe sein Angesicht über dich
und gebe dir Frieden. † Amen.

Gebet
Herr, der du Anfang und Ende meines Lebens
bestimmst, bleibe bei mir mit deinem guten Wort,
deinem Geist, der mich lehrt und erleuchtet in
meinem Reden und Tun. Verleihe mir den Segen,
der meinem Leben Klarheit und Kraft schenkt.

Gib mir den Mut und die Freude, alles dir zur Ehre zu tun. Lass nicht zu, dass ich nur an mich denke, sondern immer auch den Nächsten sehe und beachte. Ich begebe mich auf einen neuen Weg und vertraue dir, dass du mich leitest an jedem neuen Tag. Amen.

Vater unser im Himmel ...

Wir schließen, indem wir uns bekreuzigen und dabei sprechen: Es segne uns Gott, der Vater, der Sohn und der Heilige Geist. † Amen.

Reisesegen

Sich auf den Weg machen heißt nicht nur Abschied nehmen, sondern sich auch auf Neues und Unbekanntes einzulassen. Wir verlassen das Haus und den Ort, die vertraute Gemeinschaft von Menschen. Aber das Abenteuer und die Sehnsucht, anderes zu entdecken und zu erleben, sind so stark, dass wir es wagen. Sinnbildlich sind wir immer auf dem Weg, im Stand eines Wanderers und Pilgers zwischen der Welt hier auf Erden und der neuen Welt Gottes. Unsere Position ist die eines Vogels im Fluge auf das große Ziel hin. Unser Leben ist in zweifacher Hinsicht eine Reise – zu uns selbst und zu Gott. Nun machen wir uns auf den Weg in Gottes schöne Welt, in den Reichtum seiner Länder und in die Geschichte seiner Völker. Wir sehen, hören und lesen von der bunten Vielfalt der Natur, des Lebens und der Bräuche anderer Menschen. Wir tauchen in die Rituale der Religionen und der Gottesverehrung ein. Wir feiern, singen und beten mit der weltweiten Christenheit und ökumenischen Gemeinschaft. Damit diese Reise ein Fest für alle Sinne wird, bitten wir Gott um seinen Segen auf allen Wegen.

Segensfeier

Im Namen Gottes, des Vaters, des Sohnes und des Heiligen Geistes. † Amen.

Segenswort
Der Herr wird unsere Wege, wo immer wir auch sein werden, segnen, uns behüten und bewahren und uns die Fülle seiner Schöpfung erschließen.

Psalmgebet
Ich hebe meine Augen auf zu den Bergen.
Woher kommt mir Hilfe?
Meine Hilfe kommt vom Herrn,
der Himmel und Erde gemacht hat.
Er wird deinen Fuß nicht gleiten lassen,
und der dich behütet, schläft nicht.
Siehe, der Hüter Israels schläft und schlummert nicht.
Der Herr behütet dich;
der Herr ist dein Schatten über deiner rechten Hand,
dass dich des Tages die Sonne nicht steche
noch der Mond des Nachts.
Der Herr behüte dich vor allem Übel,
er behüte deine Seele.
Der Herr behüte deinen Ausgang und Eingang
von nun an bis in Ewigkeit!
(Psalm 121)

Lied

Bewahre uns, Gott, behüte uns, Gott,
sei mit uns auf unsern Wegen.
Sei Quelle und Brot in Wüstennot,
sei um uns mit deinem Segen,
sei Quelle und Brot in Wüstennot,
sei um uns mit deinem Segen.

Bewahre uns, Gott, behüte uns, Gott,
sei mit uns in allem Leiden.
Voll Wärme und Licht im Angesicht,
sei nahe in schweren Zeiten,
voll Wärme und Licht im Angesicht,
sei nahe in schweren Zeiten.

Bewahre uns, Gott, behüte uns, Gott,
sei mit uns vor allem Bösen.
Sei Hilfe, sei Kraft, die Frieden schafft,
sei in uns, uns zu erlösen,
sei Hilfe, sei Kraft, die Frieden schafft,
sei in uns, uns zu erlösen.

Bewahre uns, Gott, behüte uns, Gott,
sei mit uns durch deinen Segen.
Dein Heiliger Geist, der Leben verheißt,
sei um uns auf unsern Wegen,
dein Heiliger Geist, der Leben verheißt,
sei um uns auf unsern Wegen.
(EG 171,1–4)

Raum für Stille und Besinnung

Segenswunsch
Der Herr sei vor dir,
um dir den rechten Weg zu zeigen.
Der Herr sei neben dir,
um dich in die Arme zu schließen
und dich zu schützen.
Der Herr sei hinter dir,
um dich zu bewahren
vor der Heimtücke böser Menschen.
Der Herr sei unter dir,
um dich aufzufangen, wenn du fällst.
Der Herr sei in dir,
um dich zu trösten, wenn du traurig bist.
Der Herr sei um dich herum,
um dich zu verteidigen,
wenn andere über dich herfallen.
Der Herr sei über dir,
um dich zu segnen.
So segne dich der gütige Gott.
(Irischer Segenswunsch)

Reisesegen

Segnen mit dem Zeichen des Kreuzes
Der Herr segne dich und behüte dich. Der Herr
lasse sein Angesicht leuchten über dir und sei dir
gnädig. Der Herr hebe sein Angesicht über dich
und gebe dir Frieden. † Amen.

Gebet
Herr, unser Gott und Gott unserer Väter, möge es
dein Wille sein, uns in Frieden zu leiten, unsere
Schritte auf den Weg des Friedens zu richten und
uns wohlbehalten zum Ziel unserer Reise zu
führen.
Behüte uns vor aller Gefahr, die uns auf dem Weg
bedroht. Bewahre uns vor Unfall und vor Unglück,
das über die Welt Unruhe bringt. Segne die Arbeit
unserer Hände. Lass uns Gnade und Barmherzigkeit vor deinen Augen finden; Verständnis und
Freundlichkeit bei allen, die uns begegnen.
Höre auf die Stimme unseres Gebetes. Gelobt seist
du, o Gott, der du unser Gebet erhörst. Amen.
(Altes jüdisches Reisegebet)

Vater unser im Himmel …

Wir schließen, indem wir uns bekreuzigen und
dabei sprechen: Es segne uns Gott, der Vater, der
Sohn und der Heilige Geist. † Amen.

Segen

für den Lebenslauf

 # Geburt eines Kindes

Immer hat Gott den Anfang gemacht. Ein Kind wird geboren, gewachsen im Leib der Mutter, Beginn eines neuen Lebens auf dieser Erde. »Das Geburtsgeschehen ist ein dramatischer Prozess. Die Beteiligten kommen an ihre äußersten Grenzen. Der Umschlag von überwältigenden Schmerzen zu vollkommener Seligkeit und Freude berührt und erschüttert die seelische Tiefe von Mutter und Vater« (Hanna Haack). In jeder Geburt vollzieht sich etwas Heiliges, was eines jeden Menschen Seele tief berührt. Beim Anblick eines Neugeborenen werden wir berührt und spüren etwas von dem Wunder des Lebens. So ist die Geburt ein großes spirituelles Ereignis. Das Kind braucht Liebe und Schutz. Die Hingabe der Eltern zeigt, dass wirkliche Liebe keine Gegenleistung erwartet. Das Kind empfängt Liebe, weil es da ist. »Lasst die Kinder zu mir kommen und wehret ihnen nicht; denn solchen gehört das Reich Gottes. Wahrlich, ich sage euch: Wer das Reich Gottes nicht empfängt wie ein Kind, der wird nicht hineinkommen. Und Jesus herzte sie und legte die Hände auf sie und segnete sie.« (Markus 10,14–16)

Segensfeier

Im Namen Gottes, des Vaters, des Sohnes und des
Heiligen Geistes. † Amen.

Segenswort
Das Kind ist wehrlos und schwach. Doch in ihm
liegt ein göttliches Geheimnis, zart und heilig.
Und hinter dem Kind steht der Engel Gottes. Und
der Engel schaut Gott.

Psalmgebet
Das ist meines Herzens Freude und Wonne,
wenn ich dich mit fröhlichem Munde loben kann;
wenn ich mich zu Bette lege, so denke ich an dich,
wenn ich wach liege, sinne ich über dich nach.
Denn du bist mein Helfer,
und unter dem Schatten deiner Flügel frohlocke ich.
Meine Seele hängt an dir;
deine rechte Hand hält mich.
(Psalm 63,6–9)

Lied
Meinem Gott gehört die Welt,
meinem Gott das Himmelszelt,
ihm gehört der Raum, die Zeit,
sein ist auch die Ewigkeit.

Und sein eigen bin auch ich.
Gottes Hände halten mich
gleich dem Sternlein in der Bahn;
keins fällt je aus Gottes Plan.

Wo ich bin, hält Gott die Wacht,
führt und schirmt mich Tag und Nacht;
über Bitten und Verstehn
muss sein Wille mir geschehn.

Lieber Gott, du bist so groß,
und ich lieg in deinem Schoß
wie im Mutterschoß ein Kind;
Liebe deckt und birgt mich lind.
(EG 408,1–3.5)

Raum für Stille

Segenswunsch
Möge der Herr unser Kind vor allen Gefahren
bewahren, es vor den dunklen Mächten dieser
Welt schützen und ihm viele gute Menschen auf
den Weg schicken. Möge der Engel des Herrn
hinter ihm stehen und vor ihm hergehen, ihm
beiseite stehen, wenn Unheil droht, und über ihm
wachen, wenn es sich verirrt. Und möge es die
Liebe unseres Herrn Jesus Christus erfahren, der
es mit seinem Segen heiligt.

*Segnen von Mutter, Vater und Kind mit dem
Zeichen des Kreuzes*

Der Herr segne euch und behüte euch. Der Herr
lasse sein Angesicht leuchten über euch und sei
euch gnädig. Der Herr hebe sein Angesicht über
euch und gebe euch Frieden. † Amen.

Gebet

Gott, wir danken dir für das Wunder der Geburt
unseres Kindes. Du hast es uns anvertraut, damit
wir es von ganzem Herzen lieben und behüten.
Gib uns dazu ein starkes und mitfühlendes Herz,
offene Ohren für alles, was unser Kind uns sagen
will, und einen fröhlichen und zuversichtlichen
Geist, der dem Kind etwas von der Begeisterung
und Liebe weitergibt. Und gib uns die
Aufmerksamkeit der Seele, die dem Kind von dem
Geheimnis des Himmels weitergibt. Wir bitten
dich um deinen Segen für unser Kind. Amen.

Vater unser im Himmel …

Wir schließen, indem wir uns bekreuzigen und
dabei sprechen: Es segne uns Gott, der Vater, der
Sohn und der Heilige Geist. † Amen.

Geburtstag

Geburtstag ist und bleibt immer zuerst der Tag, an dem ich zur Welt kam. Es ist der Weg aus der Geborgenheit im Mutterleib in den Raum des Lebens aus Licht, Luft und Klängen. Der Raum weitet und öffnet sich. Die ersten Stunden sind Ein- und Ausatmen, Schrei und das Blitzen des Lichtes. Ich bin ein Kind meiner Eltern, aus deren Liebe ich entstanden bin. Und ich bin ein Kind Gottes, aus dessen Zuwendung und Liebe ich leben darf inmitten von Leben. Die Tage meines Lebens reihen sich aneinander wie Perlen an einer Kette. Ich darf leben und mein Leben entfalten und gestalten. Unter dem Segen des Himmels bin ich geborgen. Jeder Tag ist ein Geschenk. Ich staune über die Vielfalt der Farben der Schöpfung und meines Lebens. Ich freue mich, dass ich im Garten des Menschlichen sein kann. Am Tag meines Geburtstages denke ich an den Anfang meines Lebens und danke Gott, dass er mir wieder ein neues Lebensjahr schenkt. Ich nehme es dankbar aus seinen Händen, will es bewahren und mit den Gaben Gottes füllen.

Segensfeier

Im Namen Gottes, des Vaters, des Sohnes und des Heiligen Geistes. † Amen.

Segenswort
Möge der Herr diesen Tag deines Geburtstages segnen und mögest du auch im neuen Jahr alle köstlichen Erinnerungen deines Lebens bewahren. Und mögen deine Tage im neuen Jahr erfüllt sein von Freude, Gesundheit und Liebe.

Psalmgebet
Der Herr ist mein Hirte,
mir wird nichts mangeln.
Er weidet mich auf einer grünen Aue
und führet mich zum frischen Wasser.
Er erquicket meine Seele.
Er führet mich auf rechter Straße
um seines Namens willen.
Und ob ich schon wanderte im finstern Tal,
fürchte ich kein Unglück;
denn du bist bei mir,
dein Stecken und Stab trösten mich.
Du bereitest vor mir einen Tisch
im Angesicht meiner Feinde.
Du salbest mein Haupt mit Öl

und schenkest mir voll ein.
Gutes und Barmherzigkeit werden mir folgen
mein Leben lang, und ich werde bleiben
im Hause des Herrn immerdar.
(Psalm 23)

Lied
Nun danket alle Gott
mit Herzen, Mund und Händen,
der große Dinge tut
an uns und allen Enden,
der uns von Mutterleib
und Kindesbeinen an
unzählig viel zugut
bis hierher hat getan.

Der ewigreiche Gott
woll uns bei unserm Leben
ein immer fröhlich Herz
und edlen Frieden geben
und uns in seiner Gnad
erhalten fort und fort
und uns aus aller Not
erlösen hier und dort.

Lob, Ehr und Preis sei Gott
dem Vater und dem Sohne

und Gott dem Heilgen Geist
im höchsten Himmelsthrone,
ihm, dem dreiein'gen Gott,
wie es im Anfang war
und ist und bleiben wird
so jetzt und immerdar.
(EG 321,1–3)

Raum für Stille

Segenswunsch
Deine Hände sollen immer Arbeit finden
Und immer einen Groschen in der Tasche,
wenn du ihn brauchst.
Das Sonnenlicht soll auf dein Fenstersims
scheinen. Und dein Herz voll Gewissheit sein,
dass nach jedem Unwetter ein Regenbogen
leuchtet.
Der Tag sei dir günstig und die Nacht dir gnädig.
Die gute Hand eines Freundes soll dich immer
halten. Und möge Gott dir das Herz erfüllen
mit Frohsinn, Freude und Dank!
(Aus Irland)

Segnen mit dem Zeichen des Kreuzes
Der Herr segne dich und behüte dich. Der Herr
lasse sein Angesicht leuchten über dir und sei dir

gnädig. Der Herr hebe sein Angesicht über dich
und gebe dir Frieden. † Amen.

Gebet
Herr, ich danke dir für diesen Tag.
Ich weiß, dass meine Zeit in deinen Händen liegt.
Anfang und Ende bestimmst du.
Darum kann ich gelassen sein.
Ich freue mich an diesem Tag.
Meine Sorgen müssen mich nicht quälen
und meine Ängste mir nicht den Atem nehmen.
Ich bin frei in dir. Ich strecke meine Sehnsucht
nach dem Himmel, denn ich bin dein Kind,
das du liebst. Herr, ich bitte dich,
behüte mich an jedem neuen Tag. Amen.

Vater unser im Himmel ...

Wir schließen, indem wir uns bekreuzigen und
dabei sprechen: Es segne uns Gott, der Vater, der
Sohn und der Heilige Geist. † Amen.

Geburtstag

 # Taufe

Taufe heißt: gesegnet sein im Namen des Vaters, des Sohnes und des Heiligen Geistes. Mit dem Zeichen des Kreuzes wird auf unsere Stirn gezeichnet, dass wir zu Gott gehören. Wir werden mit Wasser getauft. Wasser ist eines der Urelemente, aus dem alles Leben entstanden ist. Zugleich ist das Wasser Sinnbild für Reinigung und Klärung. Im Auftauchen aus dem Wasser wird unsere Auferstehung symbolisch vorgezeichnet. Aber »Wasser tut's freilich nicht, sondern das Wort Gottes, das mit uns und bei der Taufe ist, und der Glaube, der solchem Wort Gottes im Wasser traut. Denn ohne Wort Gottes ist das Wasser schlicht Wasser und keine Taufe« (Martin Luther). Taufe ist ein einmaliger Akt, durch den wir sichtbar mit der Handauflegung zu Kindern Gottes berufen werden und in die Gemeinde Jesu Christi aufgenommen sind. Das Zeichen des Kreuzes tragen wir wie ein Siegel des Geistes als Bewahrung zum ewigen Leben. Die Taufkerze trägt das Osterlicht und weist auf Christus als Licht der Welt hin. Und der Taufspruch ist Zuspruch aus der Quelle der Lebensworte.

Segensfeier

Im Namen Gottes, des Vaters, des Sohnes und des Heiligen Geistes. † Amen.

Segenswort
Jesus Christus hat uns befohlen, unsere Kinder zu ihm zu bringen. Er hat auch dieses Kind mit seiner Liebe umfangen und mit Wasser und Geist getauft und sein Leben gesegnet.

Psalmgebet
Herr, du erforschest mich
und kennest mich.
Denn du hast meine Nieren bereitet und hast
mich gebildet im Mutterleibe.
Ich danke dir dafür, dass ich wunderbar gemacht
bin; wunderbar sind deine Werke;
das erkennt meine Seele.
Es war dir mein Gebein nicht verborgen,
als ich im Verborgenen gemacht wurde,
als ich gebildet wurde unten in der Erde.
Deine Augen sahen mich, als ich noch nicht
bereitet war, und alle Tage waren in dein Buch
geschrieben, die noch werden sollten und von
denen keiner da war.
(Psalm 139,1.13–16)

Lied

Gott, der du alles Leben schufst
und uns durch Christus zu dir rufst,
wir danken dir für dieses Kind
und alles Glück, das nun beginnt.

Wir bitten dich, Herr Jesu Christ,
weil du ein Freund der Kinder bist,
nimm dich des jungen Lebens an,
dass es behütet wachsen kann.

Eh wir entscheiden Ja und Nein,
gilt schon für uns: gerettet sein.
Dank sei dir, dass das Heil der Welt
nicht mit uns selber steht und fällt.

So segne nun auch dieses Kind
und die, die seine Nächsten sind.
Wo Schuld belastet, Herr, verzeih.
Wo Angst bedrückt, mach Hoffnung frei.
(EG 211,1–4)

Raum für Stille

Segenswunsch
Mein Kind, du bist im Namen des dreieinigen
Gottes getauft und mit dem Zeichen des Kreuzes

gesegnet worden. Mögest du nun ein Leben lang ein Kind Gottes bleiben.

Segnen mit Handauflegung und dem Zeichen des Kreuzes
Der Herr segne dich und behüte dich. Der Herr lasse sein Angesicht leuchten über dir und sei dir gnädig. Der Herr hebe sein Angesicht über dich und gebe dir Frieden. † Amen.

Gebet
Lieber Gott, wir danken dir, dass wir unser Kind dir anvertrauen können. Du hast es mit Liebe ins Leben gerufen. Du hast ihm Eltern und Paten und viele andere liebe Menschen an die Seite gestellt. Wir bitten dich, bewahre es vor den bösen Mächten dieser Welt und schenke ihm für Leib, Seele und Geist die Kräfte des Lebens und des Himmels. Amen.

Vater unser im Himmel ...

Wir schließen, indem wir uns bekreuzigen und dabei sprechen: Es segne uns Gott, der Vater, der Sohn und der Heilige Geist. † Amen.

 # Tauferinnerung

Es ist gut, sich in jedem Jahr an den Tag der eigenen Taufe zu erinnern. Nicht nur als Kinder, sondern auch als Erwachsene. Mit der Taufe sind wir mit dem Heiligen Geist versiegelt worden, das heißt, wir stehen unter dem Schutz des Höchsten. Wir sind getauft auf den Namen Gottes, des Vaters, des Sohnes und des Heiligen Geistes. Dieser Geist will uns erleuchten, lehren, was Gott von uns will. Der Geist wird uns inspirieren zu einem Leben, das aus der Fülle alles Lebendigen wächst. Wir sind mit dem Zeichen des Kreuzes gesegnet, darum sind wir in Christus und Christus in uns. In und mit Christus tragen wir schon einen Teil der neuen Schöpfung Gottes in uns. Wir leben aus seiner Gnade. Er wird uns mit seiner Auferstehung aus dem Tode befreien, wie er selbst von Gott zum ewigen Leben befreit wurde. Und wenn wir zur Erinnerung die Taufkerze anzünden und unseren Taufspruch hören, dann sehen wir das Licht, das in Christus in dieser Welt erschienen ist. Die Taufe erinnert uns aber auch immer wieder daran, dass wir zur Schar der Kinder Gottes gehören, die in der Gemeinde Jesu Christi versammelt ist.

Segensfeier

Im Namen Gottes, des Vaters, des Sohnes und des
Heiligen Geistes. † Amen.

Segenswort
Fürchte dich nicht, denn ich habe dich erlöst; ich
habe dich bei deinem Namen gerufen, du bist
mein.
(Jesaja 43,1)

Psalmgebet
Herr, du erforschest mich
und kennest mich.
Ich sitze oder stehe auf, so weißt du es;
du verstehst meine Gedanken von ferne.
Ich gehe oder liege, so bist du um mich
und siehst alle meine Wege.
Denn siehe, es ist kein Wort auf meiner Zunge,
das du, Herr, nicht schon wüsstest.
Von allen Seiten umgibst du mich
und hältst deine Hand über mir.
(Psalm 139,1–5)

Lied
Ich bin getauft auf deinen Namen,
Gott Vater, Sohn und Heilger Geist;

ich bin gezählt zu deinem Samen,
zum Volk, das dir geheiligt heißt.
Ich bin in Christus eingesenkt,
ich bin mit seinem Geist beschenkt.

Lass diesen Vorsatz nimmer wanken,
Gott Vater, Sohn und Heilger Geist.
Halt mich in deines Bundes Schranken,
bis mich dein Wille sterben heißt.
So leb ich dir, so sterb ich dir,
so lob ich dich dort für und für.
(EG 200,1+6)

Raum für Stille

Segenswunsch
Gott hat dir in der Taufe zugesagt,
dass er dich segnen will
und du ein Segen sein sollst.
Möge dieser Segen dein Leben durchdringen:
dein Denken und Fühlen,
dein Reden und Tun,
dein Hören und Schweigen,
dein Lieben und Hoffen,
dein Kommen und Gehen.

Segnen mit dem Zeichen des Kreuzes
Der Herr segne dich und behüte dich. Der Herr lasse sein Angesicht leuchten über dir und sei dir gnädig. Der Herr hebe sein Angesicht über dich und gebe dir Frieden. † Amen.

Gebet
Mein Gott, ich danke dir,
dass ich unter deinem Schutz stehe.
Du hast mich in der Taufe als dein Kind angenommen,
mir den Geist geschenkt,
der mich an jedem Tag neu werden lässt.
Ich danke dir für deine Treue
und bitte dich, bleibe bei mir mit deinem Wort
und deiner Barmherzigkeit und Güte. Amen.

Vater unser im Himmel ...

Wir schließen, indem wir uns bekreuzigen und dabei sprechen: Es segne uns Gott, der Vater, der Sohn und der Heilige Geist. † Amen.

Kindergarten

Das Bild des Gartens erinnert an das Paradies, an jenen Garten, in dem sich Gott und der Mensch sehr nahe waren. Es war der Garten des Lebens und des Friedens. Aber diesen Garten mussten wir verlassen, bis zu dem Tag, an dem uns Gott wieder einlädt in seinen Garten. Nun kommt unser Kind in den Kindergarten. Es betritt den Garten der Gemeinschaft mit anderen Kindern, den Garten des Spielens und des Lernens. Die Kinder sind in einem Garten, in dem sie zu den Quellen des Lebens geführt werden: Gebet, Lied, Musik und Tanz. Es sollen schöne Tage werden unter der Obhut guter und aufmerksamer Menschen. Ein Garten, der unseren Kindern zum Segen werden soll. Segen für den Leib, die Seele und den Geist. Ein Garten für das kleine Herz mit all seinen Erwartungen, Sorgen und Freuden. Und wenn das Kind nach Hause kommt, wird es erzählen von den Erlebnissen und Abenteuern, von den ersten Freundschaften und Auseinandersetzungen mit anderen. So beginnen die Kinder das ABC des Lebens weiter zu lernen, denn ihre Augen sind wie offene Fenster.

Segensfeier

Im Namen Gottes, des Vaters, des Sohnes und des
Heiligen Geistes. † Amen.

Segenswort
Möge der Herr unser Kind in den Garten des
Lebens führen, damit es von der Fülle des Lebens
erfahre.
Möge er es behüten vor Schaden und Gefahr, vor
bösen Gedanken und Taten. Er möge die Gaben
und Kräfte unseres Kindes fördern.

Psalmgebet
Der Herr ist mein Hirte,
mir wird nichts mangeln.
Er weidet mich auf einer grünen Aue
und führet mich zum frischen Wasser.
Er erquicket meine Seele.
Er führet mich auf rechter Straße
um seines Namens willen.
Und ob ich schon wanderte im finstern Tal,
fürchte ich kein Unglück; denn du bist bei mir,
dein Stecken und Stab trösten mich.
(Psalm 23,1 – 4)

Kindergarten

Lied

Weil ich Jesu Schäflein bin,
freu ich mich nur immerhin
über meinen guten Hirten,
der mich wohl weiß zu bewirten,
der mich liebet, der mich kennt
und bei meinem Namen nennt.

Unter seinem sanften Stab
geh ich ein und aus und hab
unaussprechlich süße Weide,
dass ich keinen Mangel leide,
und so oft ich durstig bin,
führt er mich zum Brunnquell hin.
(EG BT 593,1.2)

Raum für Stille

Segenswunsch

Der Herr, der gute Hirte, möge dich behüten und
bewahren. Er schenke dir ein fröhliches Herz und
ein Lachen, das andere Menschen erfreut. Er
schicke seine guten Engel, die dich begleiten und
bei dir sind.

Segnen mit dem Zeichen des Kreuzes
Der Herr segne dich und behüte dich. Der Herr
lasse sein Angesicht leuchten über dir und sei dir
gnädig. Der Herr hebe sein Angesicht über dich
und gebe dir Frieden. † Amen.

Gebet
Lieber Vater im Himmel, wir danken dir, dass
unser Kind den nächsten Schritt im Leben machen
kann. Nun liegen Tage mit vielen neuen
Erfahrungen vor ihm. Wir bitten dich um gute
Begleiter, die mit Liebe und Freude unserem Kind
die Welt und die Gemeinschaft der Kinder
untereinander erschließen. Bewahre und behüte
alle mit deiner Liebe. Amen.

Vater unser im Himmel ...

Wir schließen, indem wir uns bekreuzigen und
dabei sprechen: Es segne uns Gott, der Vater, der
Sohn und der Heilige Geist. † Amen.

Ende der Kindergartenzeit

Unsere Kinder sind gewachsen an Leib und Seele. Sie haben Erfahrungen gemacht, die ihr Herz bewegt haben. Sie haben Freundschaften geschlossen und gespürt, was es heißt, einem anderen zugeneigt zu sein. Sie haben Erwachsene erlebt, die sie behutsam Schritt für Schritt ins Leben führten. Nun ist die Zeit im Garten der Spiele, der kleinen und großen Feste, der fröhlichen, heiteren, aber auch ernsten Stunden vorbei. Unsere Kinder sind gereift und die Neugierde auf die Schule ist groß. Sie haben die Großen beneidet, die sich schon mit Schulranzen allein auf den Weg machten. Sie wollen nun den Kindergarten verlassen. Sie nehmen mit etwas Wehmut Abschied von vertrauten Menschen, aber die Sehnsucht nach dem Neuen, dem Lebensabenteuer ist größer. Zeit zu danken für alles Gute und für alle Zuwendung der Herzen. Die Erinnerung an viele unbeschwerte Tage wird bleiben. Nun ist auch Zeit, Gott um seinen Segen für die neuen Wege und Erlebnisse zu bitten.

Segensfeier

Im Namen Gottes, des Vaters, des Sohnes und des
Heiligen Geistes. † Amen.

Segenswort
Der Herr wird dir Freude schenken an allem, was
du Neues und Wissenswertes erfährst. Du wirst
mit deinen Augen sehen, was gut ist; mit deinen
Ohren hören, was wichtig ist; und mit allen Sinnen
spüren, was du liebst.

Psalmgebet
Herr, unser Herrscher,
wie herrlich ist dein Name in allen Landen,
der du zeigst deine Hoheit am Himmel!
Wenn ich sehe die Himmel, deiner Finger Werk,
den Mond und die Sterne, die du bereitet hast:
was ist der Mensch, dass du seiner gedenkst,
und des Menschen Kind,
dass du dich seiner annimmst?
Du hast ihn wenig niedriger gemacht als Gott,
mit Ehre und Herrlichkeit hast du ihn gekrönt.
Du hast ihn zum Herrn gemacht
über deiner Hände Werk,
alles hast du unter seine Füße getan:
Schafe und Rinder allzumal,

dazu auch die wilden Tiere,
die Vögel unter dem Himmel und die Fische im
Meer und alles, was die Meere durchzieht.
Herr, unser Herrscher,
wie herrlich ist dein Name in allen Landen!
(Psalm 8,2.4–10)

Lied
Ich möcht', dass einer mit mir geht,
der's Leben kennt, der mich versteht,
der mich zu allen Zeiten kann geleiten.
Ich möcht', dass einer mit mir geht.
(EG 209,1)

Raum für Erinnerungen an die Kindergartenzeit

Segenswunsch
Gott wird bei dir sein auf allen deinen Wegen.
Er führe dich an seiner Hand und schenke dir
Freude an der Entdeckung der vielen Wunder
seiner Schöpfung, an den Erkenntnissen der
Menschen und an der Gemeinschaft mit denen,
die dich lieben.

Segnen mit dem Zeichen des Kreuzes
Der Herr segne dich und behüte dich. Der Herr
lasse sein Angesicht leuchten über dir und sei dir

gnädig. Der Herr hebe sein Angesicht über dich und gebe dir Frieden. † Amen.

Gebet
Mein Gott, ich danke dir für die Zeit, die ich im Kindergarten mit den Erzieherinnen und den Kindern erleben durfte. Es war eine schöne und fröhliche Zeit. Ich habe auch erfahren dürfen, wie schön es ist, mit anderen zu spielen und lustig zu sein. Ich bitte, behüte mich auch auf meinem weiteren Weg ins Leben. Amen.

Vater unser im Himmel ...

Wir schließen, indem wir uns bekreuzigen und dabei sprechen: Es segne uns Gott, der Vater, der Sohn und der Heilige Geist. † Amen.

Schulanfang

Jeder kleine und große Mensch, jedes Kind und jeder Erwachsene braucht Rat und Hilfe für das tägliche Leben, Ausbildung und Förderung seiner Gaben. Und jeder wartet auf Zuspruch und Ermutigung. Das Leben bleibt nicht stehen, die Tage kommen und gehen, immer wieder gibt es Ende und Anfang. So wie die Bewegung den Menschen am Leben erhält, so muss er von Neuem aufbrechen, vorwärts schreiten und sich auf ein Ziel konzentrieren; denn wer auf dem Laufenden bleiben will, muss laufen. So ist Schulanfang Aufbruch aus dem Garten der Spiele in die sich öffnende Weite. Gefordert wird von den Kindern die strenge Einhaltung von Vorschriften, Aufgaben und Pflichten. Nun gibt der Stundenplan den Takt für die Zeiten der Anspannung und Entspannung vor, für Zeiten des Lernens und für Zeiten des Spielens. Aber alles ist ein Lernen für das, was ein Leben ganz umfasst. Vor unseren Kindern liegen nun Tage, Monate und Jahre, für die wir um Gottes Segen bitten: auf allen Wegen für Hören, Reden und Tun.

Segensfeier

Im Namen Gottes, des Vaters, des Sohnes und des
Heiligen Geistes. † Amen.

Segenswort
Gott wird dir eine Welt eröffnen, die dich zum
Staunen bringt. Er ist wie ein guter Hirte, der sich
um dich sorgt und dich nicht allein lässt. Er wird
deine Seele behüten und dein Herz fröhlich
stimmen.

Psalmgebet
Wer unter dem Schirm des Höchsten sitzt
und unter dem Schatten des Allmächtigen bleibt,
der spricht zu dem Herrn:
Meine Zuversicht und meine Burg,
mein Gott, auf den ich hoffe.
Denn er hat seinen Engeln befohlen,
dass sie dich behüten auf allen deinen Wegen,
dass sie dich auf den Händen tragen
und du deinen Fuß nicht an einen Stein stoßest.
(Psalm 91,1.2.11–12)

Lied
Meinem Gott gehört die Welt,
meinem Gott das Himmelszelt,

ihm gehört der Raum, die Zeit,
sein ist auch die Ewigkeit.

Und sein eigen bin auch ich.
Gottes Hände halten mich
gleich dem Sternlein in der Bahn;
keins fällt je aus Gottes Plan.

Wo ich bin, hält Gott die Wacht,
führt und schirmt mich Tag und Nacht;
über Bitten und Verstehn
muss sein Wille mir geschehn.
(EG 408,1–3)

*Raum für ein Gespräch über die Bedeutung dieses
Tages und den Anfang in der Schule (Schultasche,
Schultüte, Lehrer etc.)*

Segenswunsch
Gott schenke dir Neugierde und Lust am Wissen
und Lernen. Er entzünde in dir das Feuer der
Begeisterung für alles, was es zu entdecken gilt. Er
gebe dir Lehrer, die deinen Kopf und dein Herz zu
erreichen wissen, und Mitschüler, die dir gute
Freunde werden.

Segnen mit dem Zeichen des Kreuzes
Der Herr segne dich und behüte dich. Der Herr
lasse sein Angesicht leuchten über dir und sei dir
gnädig. Der Herr hebe sein Angesicht über dich
und gebe dir Frieden. † Amen.

Gebet
Lieber Gott, ich danke dir, dass ich behütet und
geborgen bin in der Liebe meiner Eltern. Ich danke
dir für die Jahre im Kindergarten und für die
schönen Erlebnisse. Du hast mich reich beschenkt
mit Liebe und Freundlichkeit. Ich bitte dich, sei
auch jetzt bei mir beim Übergang in die Schule, in
die Jahre des Lernens für das Leben. Behüte mich,
meine Eltern und Geschwister, meine Lehrer und
meine Freunde. Lehre mich, dankbar für mein
Leben zu sein. Amen.

Vater unser im Himmel …

Wir schließen, indem wir uns bekreuzigen und
dabei sprechen: Es segne uns Gott, der Vater, der
Sohn und der Heilige Geist. † Amen.

 # Konfirmation

Meine Konfirmation ist ein schöner Tag. Ich habe erfahren, was in meiner Taufe mit mir geschah. Ich konnte in der Vorbereitung auf diesen Tag die Grundlagen des christlichen Glaubens für den Alltag lernen: die Bibel als die Urkunde der Botschaft des dreieinigen Gottes, das Vaterunser als das Grundgebet meiner Gebete, das Glaubensbekenntnis als die Grundlage meines Glaubens und das Geheimnis der Gegenwart Jesu Christi in der Feier des Abendmahls.

Ich bekenne mich zu Jesus Christus und will ihm nachfolgen in seiner Gemeinde und in der Welt. Mit dem Versprechen im Konfirmationsgottesdienst habe ich das bestätigt. Der Konfirmationsspruch soll mich immer daran erinnern, wo die Quelle meines Lebens liegt. Ich glaube, dass mich Gott geschaffen hat und mich erhält. Ich vertraue auf Jesus, der durch seine Auferstehung mir die Hoffnung auf ein Leben schenkt, das sich nicht im Heute der vergehenden Welt verliert. Ich bitte um den Heiligen Geist, der in mir die Liebe Gottes entzündet, mich lehrt und in allen Nöten tröstet.

Segensfeier

Im Namen Gottes, des Vaters, des Sohnes und des Heiligen Geistes. † Amen.

Segenswort
Gott erkennt dein Herz und sieht, ob du auf guten oder bösen Wegen gehst. Wenn du dich zu ihm wendest, wird er mit dir gehen und du wirst die Kraft des Heiligen Geistes spüren.

Psalmgebet
Dennoch bleibe ich stets an dir;
denn du hältst mich bei meiner rechten Hand,
du leitest mich nach deinem Rat
und nimmst mich am Ende mit Ehren an.
Wenn ich nur dich habe,
so frage ich nichts nach Himmel und Erde.
Wenn mir gleich Leib und Seele verschmachtet,
so bist du doch, Gott,
allezeit meines Herzens Trost und mein Teil.
(Psalm 73,23–26)

Lied
Gib uns Frieden jeden Tag!
Lass uns nicht allein.
Du hast uns dein Wort gegeben,

Konfirmation

stets bei uns zu sein.
Denn nur du, unser Gott,
denn nur du, unser Gott,
hast die Menschen in der Hand.
Lass uns nicht allein.

Gib uns Freiheit jeden Tag!
Lass uns nicht allein.
Lass für Frieden uns und Freiheit
immer tätig sein.
Denn durch dich, unsern Gott,
denn durch dich, unsern Gott,
sind wir frei in jedem Land.
Lass uns nicht allein.
(EG 425,1–2)

Raum für Stille

Segenswunsch
Christus möge dich lehren alles, was für dein
Leben notwendig ist. Der Heilige Geist möge dir
Erkenntnis schenken. Und Gott möge über allem,
was du redest und tust, seine gnädige und
barmherzige Hand halten. Segen komme über
dein Leben!

Segnen mit dem Zeichen des Kreuzes
Der Herr segne dich und behüte dich. Der Herr
lasse sein Angesicht leuchten über dir und sei dir
gnädig. Der Herr hebe sein Angesicht über dich
und gebe dir Frieden. † Amen.

Gebet
Jesus Christus, jeder Tag ist ein Schritt in meinem
Leben. Ich danke dir, dass du mich in der Taufe zu
deinem Kind berufen hast. Ich danke dir, dass ich
mich mit meiner Konfirmation entscheiden
konnte, dir nachzufolgen. Es ist ein weiter Weg,
der vor mir liegt. Ich muss wachsen und reifen auf
diesem Weg.
Wenn du, Jesus, mir vorausgehst, werde ich das
Ziel nicht verfehlen. Amen.

Vater unser im Himmel ...

Wir schließen, indem wir uns bekreuzigen und
dabei sprechen: Es segne uns Gott, der Vater, der
Sohn und der Heilige Geist. † Amen.

Verlobung –
als Paar leben

Zwei Menschen, Mann und Frau, sind sich begegnet und haben die Verwandlung der Herzen erfahren. Eine tiefe Zuneigung entfaltet die Kräfte der Liebe. Liebe macht nicht blind, sondern lehrt mit dem Herzen zu sehen. Manches wird auf den Kopf gestellt, was die Nüchternen unter den Realisten erstaunt. Doch Liebe ist weder berechenbar noch wie eine Ware zu kaufen. Liebe ist ein Geschenk. Sie bleibt das Geheimnis von zwei Herzen, die sich nicht mehr trennen wollen. Aber wie vieles im menschlichen Leben ist auch die Liebe von der Gewöhnung bedroht. Dann erlischt die Fantasie und das Glück beginnt zu zerrinnen. Wer sich dem anderen anvertraut, der muss seine Liebe wie eine Rose hüten. Zwei Menschen bitten dabei um den Segen Gottes, um den Schutz und um die göttliche Gnade. Sie vertrauen darauf, dass Gott in ihren Herzen die Glut nicht erlöschen lässt. Die Liebe von Gott zu den Menschen ist ein Urbild der Liebe. Diese Liebe ist neben Glauben und Hoffnung die größte und bindet alles zu einem Strauß göttlicher Wunder.

Segensfeier

Im Namen Gottes, des Vaters, des Sohnes und des Heiligen Geistes. † Amen.

Segenswort
Euch wurde ein großer Schatz geschenkt und anvertraut: Hegt und pflegt die zarte Pflanze eurer Liebe, dass sie euch zu einem starken Baum werde.

Das Hohelied der Liebe
Wenn ich mit Menschen- und mit Engelzungen redete und hätte die Liebe nicht, so wäre ich ein tönendes Erz oder eine klingende Schelle.
Und wenn ich prophetisch reden könnte und wüsste alle Geheimnisse und alle Erkenntnis und hätte allen Glauben, sodass ich Berge versetzen könnte, und hätte die Liebe nicht,
so wäre ich nichts.
Und wenn ich alle meine Habe den Armen gäbe und ließe meinen Leib verbrennen und hätte die Liebe nicht, so wäre mir's nichts nütze.
Die Liebe ist langmütig und freundlich,
die Liebe eifert nicht,
die Liebe treibt nicht Mutwillen,
sie bläht sich nicht auf,
sie verhält sich nicht ungehörig,

Verlobung – als Paar leben

sie sucht nicht das Ihre,
sie lässt sich nicht erbittern,
sie rechnet das Böse nicht zu,
sie freut sich nicht über die Ungerechtigkeit,
sie freut sich aber an der Wahrheit;
sie erträgt alles, sie glaubt alles,
sie hofft alles, sie duldet alles.
Die Liebe hört niemals auf,
wo doch das prophetische Reden aufhören wird
und das Zungenreden aufhören wird
und die Erkenntnis aufhören wird.
Denn unser Wissen ist Stückwerk und unser
prophetisches Reden ist Stückwerk.
Wenn aber kommen wird das Vollkommene,
so wird das Stückwerk aufhören.
Als ich ein Kind war, da redete ich wie ein Kind
und dachte wie ein Kind und war klug wie ein
Kind; als ich aber ein Mann wurde,
tat ich ab, was kindlich war.
Wir sehen jetzt durch einen Spiegel ein dunkles
Bild; dann aber von Angesicht zu Angesicht. Jetzt
erkenne ich stückweise; dann aber werde ich
erkennen, wie ich erkannt bin.
Nun aber bleiben Glaube, Hoffnung, Liebe, diese
drei; aber die Liebe ist die größte unter ihnen.
(1. Korinther 13,1–13)

Lied

Ins Wasser fällt ein Stein,
ganz heimlich still und leise;
und ist er noch so klein,
er zieht doch weite Kreise.
Wo Gottes große Liebe in einen Menschen fällt,
da wirkt sie fort in Tat und Wort
hinaus in unsre Welt.

Nimm Gottes Liebe an.
Du brauchst dich nicht allein zu mühn,
denn seine Liebe kann
in deinem Leben Kreise ziehn.
Und füllt sie erst dein Leben,
und setzt sie dich in Brand,
gehst du hinaus, teilst Liebe aus,
denn Gott füllt dir die Hand.
(EG BT 645,1.3)

Segenswunsch

Möge der liebende Gott eure Liebe beschützen
und euch voller Liebe durchs Leben tragen. Möget
ihr immer wieder staunen können über das
Geschenk eurer Liebe. Und möget ihr Fantasie
entwickeln, um eure Liebe lebendig zu erhalten.

Segnen mit dem Zeichen des Kreuzes
Der Herr segne euch und behüte euch. Der Herr
lasse sein Angesicht leuchten über euch und sei
euch gnädig. Der Herr hebe sein Angesicht über
euch und gebe euch Frieden. † Amen.

Gebet
Gott, wir danken dir für das Geschenk unserer
Liebe. Wir bitten dich darum, dass deine Liebe
unsere Liebe tragen möge. Wir wissen, dass
menschliche Liebe immer wieder gefährdet ist.
Hilf du uns, unsere Liebe zu bewahren und
wachsen und reifen zu lassen. Lass uns immer
wieder voller Dankbarkeit den anderen in Liebe
annehmen. Lass uns mit Augen der Liebe einander
ansehen und bewahre uns unsere Begeisterung
füreinander. Amen.

Vater unser im Himmel ...

Wir schließen, indem wir uns bekreuzigen und
dabei sprechen: Es segne uns Gott, der Vater, der
Sohn und der Heilige Geist. † Amen.

Hochzeitstag

Jahre und Tage sind vergangen. Der gemeinsame Weg führte uns auf Höhen und ließ uns die Tiefen erkennen. Wir gehen eben nicht immer nur auf der Sonnenseite der Straße. Der Wechsel von Licht und Schatten gehört dazu, wie der Regen zur Sonne, wie der Morgen zum Abend und die Nacht zum Tag. Wir sind noch nicht ins Paradies zurückgekehrt, aus dem Adam und Eva vertrieben wurden. Aber das Geheimnis einer Ehe liegt im Werden und Wachsen, im Aufbruch und Suchen, im Verlieren und Finden. Doch nie im Beharren auf dem Bestehenden. Die Liebe ist wandelbar und fähig, Vergangenes als Gabe zu verstehen und das Neue als kommende Zeit der Erfüllung und als segnende Kraft zu empfangen. Der Hochzeitstag ist Erinnerung an jenen ersten Frühlingstag der versprochenen Treue, aber auch eine Bestätigung für die Zukunft. Der Segen Gottes verklärt nicht, sondern heilt, richtet auf, und macht unsere Herzen dankbar für das Wunder der Liebe, die aus dem Himmel in unser Herz gekommen ist. Und wir empfangen sie und nehmen uns mit offenen Armen an.

Segensfeier

Im Namen Gottes, des Vaters, des Sohnes und des Heiligen Geistes. † Amen.

Segenswort
Glaube, Liebe und Hoffnung mögen euch euer Leben lang begleiten. Möge die Liebe die größte Kraft sein, die euere Herzen zum Glühen bringt.

Psalmgebet
Mein Herz dichtet ein feines Lied,
einem König will ich es singen;
meine Zunge ist ein Griffel eines guten Schreibers:
Du bist der Schönste unter den Menschenkindern,
voller Huld sind deine Lippen;
wahrlich, Gott hat dich gesegnet für ewig.
(Psalm 45,2–3)

Lied
Du hast uns, Herr, in dir verbunden,
nun gib uns gnädig das Geleit.
Dein sind des Tages helle Stunden,
dein ist die Freude und das Leid.
Du segnest unser täglich Brot,
du bist uns nah in aller Not.

Lass unsre Liebe ohne Wanken,
die Treue lass beständig sein.
Halt uns in Worten und Gedanken
von Zorn, Betrug und Lüge rein.
Lass uns doch füreinander stehn,
gib Augen, andrer Last zu sehn.

Lehr uns, einander zu vergeben,
wie du in Christus uns getan.
Herr, gib uns teil an deinem Leben,
dass nichts von dir uns scheiden kann.
Mach uns zu deinem Lob bereit,
heut, morgen und in Ewigkeit.
(EG 240,1–3)

Raum für Stille

Segenswunsch
Der Herr schenke euch immer wieder von Neuem
die Liebe, die euch herzlich verbindet. Sie möge
euch leiten und führen in allem, was ihr redet und
tut. Und möge sie so ansteckend sein, dass andere
von ihr berührt werden.

Segnen mit dem Zeichen des Kreuzes
Der Herr segne euch und behüte euch. Der Herr
lasse sein Angesicht leuchten über euch und sei

Hochzeitstag

euch gnädig. Der Herr hebe sein Angesicht über euch und gebe euch Frieden. † Amen.

Gebet
Herr, wir danken dir für den Tag, an dem wir uns kennenlernten, und für die Zeit, in der in uns die Zuneigung und Liebe gewachsen ist. Wir danken dir für den Lebensweg, den wir bis heute miteinander gestalten konnten, für die Bewahrung unserer Liebe und für die Kraft, die sie uns an jedem neuen Tag geschenkt hat. Bleibe bei uns mit deinem Segen, mit deinem Geist und mit deinem Wort. Amen.

Vater unser im Himmel ...

Wir schließen, indem wir uns bekreuzigen und dabei sprechen: Es segne uns Gott, der Vater, der Sohn und der Heilige Geist. † Amen.

Segen
für Beruf und Arbeit

Beruf und Arbeit

Unser Leben ist überwiegend von Arbeit geprägt. Es beginnt schon mit den Schularbeiten, später schließen sich die Arbeiten der Berufsausbildung und die ersten Arbeiten an, mit denen wir uns bewähren müssen. Arbeit kann zum einen unsere Begabungen entfalten, zum anderen ist sie die Grundlage zur finanziellen Sicherung unserer Existenz. Arbeitslosigkeit ist ein Zustand der Verunsicherung und der Sorge um die Zukunft.

Lebensarbeit kann im idealen Fall Berufung sein: Ich kann und darf das machen, wozu ich berufen wurde, worin mein Leben seine eigentliche Verwirklichung findet. Aber meine Arbeit ist nicht nur für mich selbst, sondern auch für andere wichtig. Ich trage Verantwortung für das Unternehmen, bei dem ich angestellt bin, und für das Wohl der Gemeinschaft. Es hängt viel davon ab, dass meine Arbeit zum Segen wird. Ein segensreiches Tun kann auch für den anderen zum Segen werden. Arbeit, auf der Segen ruht, heißt auch, ein Stück gelingendes Leben zu erfahren. Arbeit, die ich als Ausbeutung, Unterdrückung, nur für die Bereicherung weniger leiste, zerstört letztlich

den Wert der Arbeit. Ein gesegnetes Leben gewinne
ich, wenn meine Arbeit zum Guten und zur Bewahrung der Schöpfung führt. Lebensarbeit ist letztlich
immer Arbeit zum Leben. Und alles, was ich tue, soll
in der Liebe zu Gott und zu den Menschen geschehen.

Segensfeier

Im Namen Gottes, des Vaters, des Sohnes und des
Heiligen Geistes. † Amen.

Segenswort
Der Herr möge dir Freude und Treue für die
Aufgabe und Arbeit deines Lebens schenken. Dazu
Gesundheit des Leibes und das Vertrauen, dass er
dein Reden, Handeln und Tun segnen wird.

Psalmgebet
Wohl dem, der den Herrn fürchtet
und auf seinen Wegen geht!
Du wirst dich nähren von deiner Hände Arbeit;
wohl dir, du hast's gut.
Deine Frau wird sein wie ein fruchtbarer
Weinstock

drinnen in deinem Hause,
deine Kinder wie junge Ölbäume
um deinen Tisch her.
Siehe, so wird gesegnet der Mann,
der den Herrn fürchtet.
(Psalm 128,1-4)

Lied
In Gottes Namen fang ich an,
was mir zu tun gebühret;
mit Gott wird alles wohlgetan
und glücklich ausgeführet.
Was man in Gottes Namen tut,
ist allenthalben recht und gut
und kann uns auch gedeihen.

Gott ist's, der das Vermögen schafft,
was Gutes zu vollbringen;
er gibt uns Segen, Mut und Kraft
und lässt das Werk gelingen;
ist er mit uns und sein Gedeihn,
so muss der Zug gesegnet sein,
dass wir die Fülle haben.

Wer erst nach Gottes Reiche tracht'
und bleibt auf seinen Wegen,
der wird von ihm gar reich gemacht

Beruf und Arbeit

durch seinen milden Segen.
Da wird der Fromme froh und satt,
dass er von seiner Arbeit hat
auch Armen Brot zu geben.
(EG 494,1–3)

Raum für Stille

Segenswunsch
Der Herr möge dir immer eine Arbeitsstelle geben.
Und so viel für dein Leben an Gütern zukommen
lassen, wie es dir zur Erfüllung deines Lebens
nützlich ist. Der Segen Gottes möge dir helfen,
Hoffnung verleihen und Kraft zur Tat schenken.

Segnen mit dem Zeichen des Kreuzes
Der Herr segne dich und behüte dich. Der Herr
lasse sein Angesicht leuchten über dir und sei dir
gnädig. Der Herr hebe sein Angesicht über dich
und gebe dir Frieden. † Amen.

Gebet
Mein Gott, ich danke dir für deine Treue und
Güte, mit der du mich in meinem Leben
begleitest. Du hast mich den richtigen Beruf
finden lassen und mir eine schöne Lebensaufgabe
anvertraut. Es ist für mich aber nicht immer leicht,

ihr gerecht zu werden. Manchmal bin ich auch resigniert und lustlos, weil ich Angst habe, meinen Arbeitsplatz zu verlieren. Lass mich das Notwendige vom Unwichtigen unterscheiden. Ich bitte dich um deinen Segen. Amen.

Vater unser im Himmel ...

Wir schließen, indem wir uns bekreuzigen und dabei sprechen: Es segne uns Gott, der Vater, der Sohn und der Heilige Geist. † Amen.

Beruf und Arbeit

# Betriebsausflug

Es ist gut, wenn Mitarbeitende in einem Unternehmen auch Gemeinschaft außerhalb der beruflichen und dienstlichen Anforderungen haben. Unser Leben hat viele Seiten, die nur unter bestimmten äußeren oder inneren Voraussetzungen zur Entfaltung kommen. Oft kennen wir uns nur unter den betrieblichen Perspektiven. Darum bildet ein gemeinsamer Ausflug mit einem sinnvollen Programm und Ziel Gelegenheit, sich nicht nur über den eigenen Rahmen hinaus zu informieren, sondern auch persönlich aufeinander zuzugehen. Es sind dann vor allem die menschlichen Kompetenzen gefragt. Die fröhliche und ungezwungene Gemeinschaft lässt ansonsten verborgene Fähigkeiten sich entfalten. Denn wer nicht feiern und loslassen kann, dem fehlt die Kehrseite der Arbeit und damit auch ein Stück Vitalität und Lebensfreude. Am Ende kann die Erfahrung stehen, dass die miteinander erlebten und gestalteten Stunden die Gemeinschaft untereinander motivieren und bestärken.

Segensfeier

Im Namen Gottes, des Vaters, des Sohnes und des
Heiligen Geistes. † Amen.

Segenswort
Möge der Herr an diesem Tag die Heiterkeit
unseres Herzens und die Freude am Leben in der
Gemeinschaft schenken. Er öffne unsere Augen
für die Schönheit seiner Schöpfung, unsere Ohren
für die vielen Stimmen der Natur und unsere
Sinne für Neues, das wir gemeinsam entdecken
können.

Psalmgebet
Lobe den Herrn, meine Seele!
Herr, mein Gott, du bist sehr herrlich;
du bist schön und prächtig geschmückt.
Licht ist dein Kleid, das du anhast.
Du breitest den Himmel aus wie einen Teppich;
du baust deine Gemächer über den Wassern.
Du fährst auf den Wolken wie auf einem Wagen
und kommst daher auf den Fittichen des Windes,
der du machst Winde zu deinen Boten
und Feuerflammen zu deinen Dienern;
der du das Erdreich gegründet hast auf festen Boden,
dass es bleibt immer und ewiglich.

Herr, wie sind deine Werke so groß und viel!
Du hast sie alle weise geordnet,
und die Erde ist voll deiner Güter.
(Psalm 104,1–5.24)

Lied
Gott gab uns Atem, damit wir leben.
Er gab uns Augen, dass wir uns sehn.
Gott hat uns diese Erde gegeben,
dass wir auf ihr die Zeit bestehn.
Gott hat uns diese Erde gegeben,
dass wir auf ihr die Zeit bestehn.

Gott gab uns Ohren, damit wir hören.
Er gab uns Worte, dass wir verstehn.
Gott will nicht diese Erde zerstören.
Er schuf sie gut, er schuf sie schön.
Gott will nicht diese Erde zerstören.
Er schuf sie gut, er schuf sie schön.

Gott gab uns Hände, damit wir handeln.
Er gab uns Füße, dass wir fest stehn.
Gott will mit uns die Erde verwandeln.
Wir können neu ins Leben gehn.
Gott will mit uns die Erde verwandeln.
Wir können neu ins Leben gehn.
(EG 432,1–3)

Betriebsausflug

Raum für Stille

Segenswunsch
Möge dieser Tag ein Tag des Friedens, der
Gemeinschaft und der Leichtigkeit werden.
Mögen unsere Gespräche ein wenig mit Humor
gewürzt sein und unser Lachen die anderen
anstecken.

Segnen mit dem Zeichen des Kreuzes
Der Herr segne euch und behüte euch. Der Herr
lasse sein Angesicht leuchten über euch und sei
euch gnädig. Der Herr hebe sein Angesicht über
euch und gebe euch Frieden. † Amen.

Gebet
Wir danken dir, Herr, dass du uns auch Zeiten
zum Atmen und zum Loslassen aller Pflichten
gibst. Du willst uns zeigen, dass wir im Leben viele
schöne Seiten miteinander entdecken dürfen. Wir
bitten dich nicht nur um gutes Wetter, sondern
auch um den Sonnenschein in unserem Herzen,
um Freude am Leben und um eine festliche
Stimmung am Abend. Amen.

Vater unser im Himmel ...

Betriebsausflug

Wir schließen, indem wir uns bekreuzigen und dabei sprechen: Es segne uns Gott, der Vater, der Sohn und der Heilige Geist. † Amen.

Berufswechsel

Veränderungen können neue Kräfte entfalten. Wir entdecken Wege zu neuen Zielen. Das in uns erloschene Feuer der Begeisterung kann wieder entzündet werden. Der Beruf bietet uns die Möglichkeit, unsere Gaben zu entfalten. Wir konnten inzwischen erfahren, wo unsere Stärken und Schwächen liegen. Wir konnten prüfen, mit welchen Menschen wir gut zusammenarbeiten und wie wir uns am besten mit ihnen verständigen konnten. Wir haben auch gelernt, wo es notwendig war, unser Denken und Handeln zu korrigieren, und wann wir mehr Verständnis für die anderen aufbringen mussten. Und immer wieder von Neuem kommt es darauf an, dass wir die richtige Balance zwischen Arbeit und Freizeit, zwischen der Pflicht an der Arbeitsstelle und unserer Familie finden. Ohne jene Menschen, mit denen wir Liebe, Zeit, Sorgen und Hoffnungen teilen, kann unser Leben in der Gesamtheit nicht so gelingen, wie Gott es uns gewähren will.

Segensfeier

Im Namen Gottes, des Vaters, des Sohnes und des
Heiligen Geistes. † Amen.

Segenswort
Dein Leben ist wie eine lange Geburt. Du wirst
geboren und gehst die Wege, die der Herr dir zeigt.
Und Gott mutet dir Veränderungen zu. Er will, dass
dein Leben immer wieder von Neuem mit dem
Segen des Himmels verwandelt wird. Bis zu dem
Tag, an dem du das Ziel deines Lebens erreicht hast.

Psalmgebet
Herr, deine Güte reicht, so weit der Himmel ist,
und deine Wahrheit, so weit die Wolken gehen.
Deine Gerechtigkeit steht wie die Berge Gottes
und dein Recht wie die große Tiefe.
Herr, du hilfst Menschen und Tieren.
Wie köstlich ist deine Güte, Gott,
dass Menschenkinder unter dem Schatten
deiner Flügel Zuflucht haben! Sie werden satt von
den reichen Gütern deines Hauses, und du tränkst
sie mit Wonne wie mit einem Strom.
Denn bei dir ist die Quelle des Lebens,
und in deinem Lichte sehen wir das Licht.
(Psalm 36,6–10)

Lied

In allen meinen Taten
lass ich den Höchsten raten,
der alles kann und hat;
er muss zu allen Dingen,
soll's anders wohl gelingen,
mir selber geben Rat und Tat.

Nichts ist es spät und frühe
um alle meine Mühe,
mein Sorgen ist umsonst;
er mag's mit meinen Sachen
nach seinem Willen machen,
ich stell's in seine Vatergunst.
(EG 368,1–2)

Raum für Stille

Segenswunsch

Der Herr möge dir immer wieder einen Anfang
schenken, wenn du meinst, es geht nicht mehr
weiter. Er möge dir einen Ausweg zeigen, der dich
erkennen lässt, dass dein Weg weiterführt. Er
lenke deine Aufmerksamkeit auf das Kommende.

Segnen mit dem Zeichen des Kreuzes
Der Herr segne dich und behüte dich. Der Herr
lasse sein Angesicht leuchten über dir und sei dir
gnädig. Der Herr hebe sein Angesicht über dich
und gebe dir Frieden. † Amen.

Gebet
Herr, ich danke dir, dass du bei mir bist und mir
immer wieder den Weg zeigen willst, der mein
Leben verändert und ihm eine neue Chance gibt.
Bewahre mich davor, träge zu werden und an
Erstarrtem zu kleben. Mache mich bereit zum
Abschied und gib mir den Mut zum Aufbruch.
Verleihe mir die Kraft, mich auch unter neuen
Bedingungen zu bewähren und Gutes zu tun.
Amen.

Vater unser im Himmel ...

Wir schließen, indem wir uns bekreuzigen und
dabei sprechen: Es segne uns Gott, der Vater, der
Sohn und der Heilige Geist. † Amen.

Einführung
neuer Mitarbeitender

Kirche und Diakonie leben von Mitarbeitenden, die sich im Namen Jesu Christi für den ganzheitlichen Dienst am Menschen entschieden haben. Es geht dabei um den ganzen Menschen, das heißt um den Menschen in Bezug auf seinen Leib, seine Seele und seinen Geist. Der Mensch bedarf des Rates, der Hilfe und der Zuwendung, wenn sein Leben als Geschöpf Gottes in dieser Welt gelingen soll. Ob nun behindert oder nicht, ob Kind oder Erwachsener, ob reich oder arm, ob stark oder schwach, ob gesund oder krank – vor Gott sind alle gleich und alle sind seine geliebten Kinder. Wir befinden uns alle im Stadium der Schöpfung, die Gott in Jesus Christus und seiner Auferstehung vollenden wird. Darum bedarf der Mensch einer Gemeinschaft, die ihn annimmt, trägt und ermutigt. Vor allem aber braucht er den seelsorgerlichen Zuspruch, der ihm im Gottesdienst, im Heiligen Abendmahl, im Gebet und Segen eine tiefe Gottesbeziehung eröffnet. Denn alle diakonischen Dienste gehen vom Altar aus und führen wieder zu ihm zurück. Das alles und vieles mehr braucht Menschen, die sich selbst von Gott berufen, angenommen und getragen wissen, und von der Vergebung und der Hoffnung auf Auferstehung durch unseren Herrn Jesus Christus leben. Dieser Dienst führt immer wieder an die Grenzen des Menschenmöglichen. Darum bitten wir um den Heiligen Geist, der uns berufen hat und mit Gaben ausrüstet, die für diesen Dienst notwendig sind.

Segensfeier

Im Namen Gottes, des Vaters, des Sohnes und des Heiligen Geistes. † Amen.

Segenswort
Möge deine Arbeit nicht vergeblich sein. Der Herr lasse deine Arbeit, die du nun beginnst, dir und den anderen zum Segen werden. Schreibe die alte Regel in dein Herz und in dein Gedächtnis: Bete und arbeite!

Psalmgebet
Herr, deine Güte reicht, so weit der Himmel ist, und deine Wahrheit, so weit die Wolken gehen. Deine Gerechtigkeit steht wie die Berge Gottes und dein Recht wie die große Tiefe.

Herr, du hilfst Menschen und Tieren.
Wie köstlich ist deine Güte, Gott,
dass Menschenkinder unter dem Schatten deiner
Flügel Zuflucht haben!
Sie werden satt von den reichen Gütern deines
Hauses, und du tränkst sie mit Wonne wie mit
einem Strom.
Denn bei dir ist die Quelle des Lebens,
und in deinem Lichte sehen wir das Licht.
(Psalm 36,6–10)

Lied
In Gottes Namen fang ich an,
was mir zu tun gebühret;
mit Gott wird alles wohlgetan
und glücklich ausgeführet.
Was man in Gottes Namen tut,
ist allenthalben recht und gut
und kann uns auch gedeihen.

Gott ist's, der das Vermögen schafft,
was Gutes zu vollbringen;
er gibt uns Segen, Mut und Kraft
und lässt das Werk gelingen;
ist er mit uns und sein Gedeihn,
so muss der Zug gesegnet sein,
dass wir die Fülle haben.

Wer erst nach Gottes Reiche tracht'
und bleibt auf seinen Wegen,
der wird von ihm gar reich gemacht
durch seinen milden Segen.
Da wird der Fromme froh und satt,
dass er von seiner Arbeit hat
auch Armen Brot zu geben.

Drum komm, Herr Jesu, stärke mich,
hilf mir in meinen Werken,
lass du mit deiner Gnade dich
bei meiner Arbeit merken;
gib dein Gedeihen selbst dazu,
dass ich in allem, was ich tu,
ererbe deinen Segen.
(EG 494,1–4)

Raum für Stille

Segenswunsch
Gott hat dich zur Arbeit berufen. Er wird dir auch
die Kraft und Weisheit, den Willen und die
Geduld dazu geben. Möge deine Arbeit dich
erfüllen. Er gebe dir Kraft, Stärke und Freude
genug. Er schenke dir Vertrauen, damit du nicht
müde wirst und dein Vertrauen ganz auf den
Herrn wirfst.

Segnen mit dem Zeichen des Kreuzes
Der Herr segne dich und behüte dich. Der Herr lasse sein Angesicht leuchten über dir und sei dir gnädig. Der Herr hebe sein Angesicht über dich und gebe dir Frieden. † Amen.

Gebet
Mein Herr und Gott, ich danke dir, dass du mich in deinen Dienst rufst. Ich folge deiner Stimme und will mich von dir leiten lassen bei allem, was ich in deinem Namen tun soll. Ich bitte dich, gib mir die Fähigkeit, das Notwendige zu tun und das Unwichtige zu meiden. Bewahre mich vor Ungeduld und Lieblosigkeit, vor leichtfertigem Reden und Handeln. Du hast mich gesegnet und wirst mich mit deinem Segen begleiten. Von nun an bis in Ewigkeit. Amen.

Vater unser im Himmel …

Wir schließen, indem wir uns bekreuzigen und dabei sprechen: Es segne uns Gott, der Vater, der Sohn und der Heilige Geist. † Amen.

Dienstjubiläum

In früheren Zeiten waren Dienstjubiläen fest im stetigen Ablauf des beruflichen Lebens eingeplant. Sie waren wichtige Stationen des Rückblicks und der Anerkennung, des Dankes für Treue und geleistete Arbeit. Heute hat sich die Arbeitssituation geändert und nach wenigen Jahren müssen wir oft den Arbeitsplatz wechseln. Aber es ist schön, wenn Arbeit Beständigkeit hat. Das ist immer Grund genug, ein Jubiläum zu feiern. Denn die Nachhaltigkeit der Arbeit liegt zum einen in der Sicherung des Lebensunterhaltes und zum anderen in der sinnvollen Gestaltung unserer Zeit. Dazu gehört unter anderem auch der Dienst am Menschen, der unseren Rat, unsere Hilfe und unsere Begleitung braucht. Das motiviert unsere Treue zu einer Aufgabe, die Jesus Christus uns selbst übertragen hat. Es sind die Werke der Barmherzigkeit, die er uns anvertraut hat. Wir freuen uns, wenn es uns mit Gottes Hilfe und der Unterstützung anderer Menschen gelungen ist, den Auftrag mit unseren Gaben zu erfüllen. Das ist schon einen »Jubel« wert – in angemessener Bescheidenheit und ausgelassener Freude und Dankbarkeit.

Segensfeier

Im Namen Gottes, des Vaters, des Sohnes und des Heiligen Geistes. † Amen.

Segenswort
Gott hat dich ins Leben gerufen, damit du inmitten von Leben das Geheimnis und Wunder seiner Schöpfung erfährst. Er hat dir eine Aufgabe anvertraut und dich mit seinem Segen begleitet. Das wird dein Herz erfreuen, deine Füße leicht machen und deine Seele beflügeln.

Psalmgebet
Herzlich lieb habe ich dich,
Herr, meine Stärke!
Herr, mein Fels, meine Burg, mein Erretter;
mein Gott, mein Hort, auf den ich traue,
mein Schild und Berg meines Heiles
und mein Schutz!
Gottes Wege sind vollkommen,
die Worte des Herrn sind durchläutert.
Er ist ein Schild allen, die ihm vertrauen.
Denn wer ist Gott, wenn nicht der Herr,
oder ein Fels, wenn nicht unser Gott?
Gott rüstet mich mit Kraft
und macht meine Wege ohne Tadel.

Er macht meine Füße gleich den Hirschen
und stellt mich auf meine Höhen.
(Psalm 18,2–3.31–34)

Lied
O Gott, du frommer Gott,
du Brunnquell guter Gaben,
ohn den nichts ist, was ist,
von dem wir alles haben:
gesunden Leib gib mir
und dass in solchem Leib
ein unverletzte Seel
und rein Gewissen bleib.

Gib, dass ich tu mit Fleiß,
was mir zu tun gebühret,
wozu mich dein Befehl
in meinem Stande führet.
Gib, dass ich's tue bald,
zu der Zeit, da ich soll,
und wenn ich's tu, so gib,
dass es gerate wohl.
(EG 495,1–2)

Raum für Stille

Segenswunsch

Mögest du dankbar auf das Vergangene zurückblicken und das Gute dieser Zeit in deinem Herzen bewahren. Möge das Zukünftige dir Glück und Zufriedenheit geben. Und möge der Segen des Herrn dich niemals verlassen.

Segnen mit dem Zeichen des Kreuzes

Der Herr segne dich und behüte dich. Der Herr lasse sein Angesicht leuchten über dir und sei dir gnädig. Der Herr hebe sein Angesicht über dich und gebe dir Frieden. † Amen.

Gebet

Gott, der du die Welt geschaffen und uns anvertraut hast, ich danke dir, dass ich ein wenig mit meiner Arbeit daran teilhaben kann. Ich kann nur ein kleines Steinchen ins Mosaik deiner Welt setzen. Aber du achtest es für wichtig. Ich bin glücklich, wenn durch mich manchem Menschen geholfen wird. Ich bitte dich um deinen Rat und Beistand auf meinem weiteren Weg. Amen.

Vater unser im Himmel …

Wir schließen, indem wir uns bekreuzigen und dabei sprechen: Es segne uns Gott, der Vater, der Sohn und der Heilige Geist. † Amen.

Kündigung

Es tut weh, wenn mir gekündigt wird. Aus welchem Grund auch immer, selbst verschuldet oder unverschuldet, es ist immer ein Bruch im Ablauf meines Lebens. Mit einer Kündigung, mit dem Verlust meines Arbeitsplatzes ist oft der Verlust des persönlichen Ansehens in der Familie und in der Gesellschaft verbunden. Außerdem drohen finanzielle Schwierigkeiten und Arbeitslosigkeit. Eine Kündigung schneidet tiefer in mein Leben ein, als ich es mir vorgestellt habe. Mich quält die Frage, ob die Kündigung rechtens war. Aber noch stärker bewegt mich die Trennung zwischen anderen Menschen und mir. Man ist mit mir unzufrieden, mit meiner Leistung und meinem Verhalten. Vertrauen ist zerstört und eine Perspektive für die Zukunft gibt es nicht mehr. Heute sind Kündigungen aber auch die Folge von Misswirtschaft und weltweiter Finanzkrise. So werde ich in den Sog des wirtschaftlichen Zusammenbruchs gezogen und kann nichts dagegen tun. Dennoch will ich nicht die Hoffnung aufgeben, dass in jedem Ende ein Anfang liegen kann. Darum bitte ich um den Segen Gottes, der mir neue Wege zeigen wird.

Segensfeier

Im Namen Gottes, des Vaters, des Sohnes und des Heiligen Geistes. † Amen.

Segenswort
Möge in dir immer die Gewissheit sein, dass dein Wert nicht nur in deiner Arbeitsleistung besteht. Hab Vertrauen: Mit deinen Kenntnissen, Fähigkeiten und Erfahrungen kannst du viel bewirken.

Psalmgebet
Herr, höre meine Worte,
merke auf mein Reden!
Vernimm mein Schreien, mein König
und mein Gott;
denn ich will zu dir beten.
Herr, frühe wollest du meine Stimme hören,
frühe will ich mich zu dir wenden und aufmerken.
Denn du bist nicht ein Gott, dem gottloses Wesen
gefällt; wer böse ist, bleibt nicht vor dir.
Die Ruhmredigen bestehen nicht vor deinen
Augen;
du bist Feind allen Übeltätern.
Ich aber darf in dein Haus gehen durch deine
große Güte und anbeten.
(Psalm 5,1–6.8)

Kündigung

Lied
Hilf, Herr meines Lebens,
dass ich nicht vergebens,
dass ich nicht vergebens hier auf Erden bin.

Hilf, Herr meiner Tage,
dass ich nicht zur Plage,
dass ich nicht zur Plage meinem Nächsten bin.

Hilf, Herr meiner Stunden,
dass ich nicht gebunden,
dass ich nicht gebunden an mich selber bin.

Hilf, Herr meiner Seele,
dass ich dort nicht fehle,
dass ich dort nicht fehle, wo ich nötig bin.

Hilf, Herr meines Lebens,
dass ich nicht vergebens,
dass ich nicht vergebens hier auf Erden bin.
(EG 419,1–5)

Raum für Stille

Segenswunsch
Mögest du ohne Groll auf das Geschehene
zurückblicken und daraus Kraft schöpfen für einen
neuen Anfang. Der Herr schenke dir das nötige

Maß an Geduld, um dich mit deiner Situation abfinden zu können, und die nötige Portion Ungeduld, um für Veränderungen bereit zu sein. Er gebe dir Phantasie, die dich neue Möglichkeiten sehen lässt, und den Mut, auf Neues zuzugehen.

Segnen mit dem Zeichen des Kreuzes
Der Herr segne dich und behüte dich. Der Herr lasse sein Angesicht leuchten über dir und sei dir gnädig. Der Herr hebe sein Angesicht über dich und gebe dir Frieden. † Amen.

Gebet
Gott, oft ist mein Herz schwer und ich fühle mich wider Willen aufs Abstellgleis gestellt. Lass mich darauf vertrauen, dass du die Weichen meines Lebens in der Hand hältst und dass du etwas ins Rollen bringen kannst, was ich noch gar nicht zu ahnen vermag. Lass mich nicht an mir selbst verzweifeln, sondern schenke mir den Mut und das Vertrauen für einen neuen Anfang. Amen.

Vater unser im Himmel ...

Wir schließen, indem wir uns bekreuzigen und dabei sprechen: Es segne uns Gott, der Vater, der Sohn und der Heilige Geist. † Amen.

Kündigung

Verabschiedung

Abschiednehmen gehört zu unserem Leben wie die Begrüßung oder der Willkommensgruß. Bei unserer Geburt werden wir in dieser hellen Welt von unseren Eltern begrüßt. Bei unserem Sterben nehmen wir wieder Abschied. Es gibt vorläufige und endgültige Abschiede, denn bei Gott hat alles seine Zeit. Die Verabschiedung von Mitarbeitenden aus ihrem Dienst ist so eine Station auf dem Weg. Sie haben viele Jahre lang ihre Lebenszeit und ihre Lebenskraft, ihre Gaben und ihre Fähigkeiten für eine wichtige Arbeit eingebracht. Beim Ausscheiden aus dem Dienst steht deshalb der Dank Gott gegenüber, der alles Vermögen gefördert und gesegnet hat, und der Dank an die Menschen, die uns ein guter Begleiter und treuer Helfer geworden sind, im Mittelpunkt. Ob nun der Ruhestand oder eine neue berufliche Wegstrecke vor ihnen liegt, immer bitten wir Gott, ihnen gnädig zugewandt zu bleiben und sie an seiner Hand zu führen, damit sie sicher ihren Weg gehen.

Segensfeier

Im Namen Gottes, des Vaters, des Sohnes und des Heiligen Geistes. † Amen.

Segenswort
Der Herr hat seinen Engeln befohlen, dass sie dich behüten auf allen deinen Wegen, dass sie dich auf den Händen tragen und du deinen Fuß nicht an einen Stein stoßest.
(Psalm 91,11.12)

Psalmgebet
Ich will den Herrn loben allezeit;
sein Lob soll immerdar in meinem Munde sein.
Meine Seele soll sich rühmen des Herrn,
dass es die Elenden hören und sich freuen.
Preiset mit mir den Herrn
und lasst uns miteinander seinen Namen erhöhen!
Als ich den Herrn suchte, antwortete er mir
und errettete mich aus aller meiner Furcht.
Die auf ihn sehen, werden strahlen vor Freude,
und ihr Angesicht soll nicht schamrot werden.
Als einer im Elend rief, hörte der Herr
und half ihm aus allen seinen Nöten.
Der Engel des Herrn lagert sich um die her,
die ihn fürchten, und hilft ihnen heraus.
(Psalm 34,2–8)

Lied

Bis hierher hat mich Gott gebracht
durch seine große Güte,
bis hierher hat er Tag und Nacht
bewahrt Herz und Gemüte,
bis hierher hat er mich geleit',
bis hierher hat er mich erfreut,
bis hierher mir geholfen.

Hab Lob und Ehr, hab Preis und Dank
für die bisher'ge Treue,
die du, o Gott, mir lebenslang
bewiesen täglich neue.
In mein Gedächtnis schreib ich an:
der Herr hat Großes mir getan,
bis hierher mir geholfen.
(EG 329,1–2)

*Raum für Stille und Zeit zum Austausch von
Erinnerungen*

Segenswunsch

Möge dir der Abschied leicht fallen, weil du weißt,
dass es immer wieder einen Anfang gibt. Du wirst
sehen, dass dein Leben sich für neue Wege und
Ziele öffnet. Der Herr schenke dir dazu Vertrauen,
Lebensfreude und die Gabe der Gelassenheit. Und

möge dein Herz erfüllt sein von Dank und guter Erinnerung.

Segnen mit dem Zeichen des Kreuzes
Der Herr segne dich und behüte dich. Der Herr lasse sein Angesicht leuchten über dir und sei dir gnädig. Der Herr hebe sein Angesicht über dich und gebe dir Frieden. † Amen.

Gebet
Mein Gott, ich danke dir für den Weg, den du mich bisher geführt hast. Du hast mir manchen meiner Wünsche nicht erfüllt, aber ich habe eingesehen, dass du es immer gut mit mir gemeint hast. Ich danke dir für alle, die mich bis in diese Stunde begleitet haben. Ich bitte dich um deinen Segen für die vor mir liegende Zeit. Amen.

Vater unser im Himmel ...

Wir schließen, indem wir uns bekreuzigen und dabei sprechen: Es segne uns Gott, der Vater, der Sohn und der Heilige Geist. † Amen.

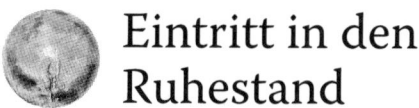

Eintritt in den Ruhestand

Ruhestand ist heute ein Wort, das oft falsche Assoziationen hervorruft. Ruhe und Stand werden als Bewegungslosigkeit verstanden. Doch wer heute aus dem beruflichen Leben ausscheidet und finanziell versorgt ist, kann in Ruhe, ohne den Druck eines hektischen Alltags und ohne zeitgebundene Pflichten sein Leben gestalten. Nun kann man Dinge tun, die bis jetzt zu kurz gekommen sind. Neue Möglichkeiten und Gaben sind zu entdecken, die zur Entfaltung und Erhaltung des Leibes, der Seele und des Geistes beitragen. Das Leben zeigt sich in seiner Schönheit aus einer anderen Perspektive. Gott will, dass wir nicht ins Koma der Tatenlosigkeit und der Resignation fallen, sondern weiterhin am Leben teilhaben sollen. Entscheidend dabei ist nicht, wie viel wir noch leisten können, sondern, ob das, was wir tun, unseren Möglichkeiten entspricht. Denn wir wissen, dass jedes Lebensalter unterschiedliche, aber nie allumfassende Möglichkeiten enthält. So möge der Segen Gottes uns leiten in der Gewissheit, dass alles unter der Sonne seine Zeit hat.

Segensfeier

Im Namen Gottes, des Vaters, des Sohnes und des Heiligen Geistes. † Amen.

Segenswort
Gott will mir den weiten Blick öffnen, den er für mich bereithält. Es ist wie auf einem Balkon, von dem aus ich den Garten und die Landschaft überblicke. Der Segen und die Kunst, das Geheimnis der kleinen Dinge in den großen Ereignissen zu entdecken, mögen niemals enden.

Psalmgebet
Gott, du hast mich von Jugend auf gelehrt,
und noch jetzt verkündige ich deine Wunder.
Auch im Alter, Gott, verlass mich nicht,
und wenn ich grau werde,
bis ich deine Macht verkündige Kindeskindern
und deine Kraft allen, die noch kommen sollen.
Gott, deine Gerechtigkeit reicht bis zum Himmel;
der du große Dinge tust, Gott, wer ist dir gleich?
(Psalm 71,17–19)

Lied
Lobe den Herren, den mächtigen König der Ehren,
lob ihn, o Seele, vereint mit den himmlischen

Chören. Kommet zuhauf, Psalter und Harfe, wacht
auf, lasset den Lobgesang hören!

Lobe den Herren, der alles so herrlich regieret,
der dich auf Adelers Fittichen sicher geführet,
der dich erhält, wie es dir selber gefällt;
hast du nicht dieses verspüret?

Lobe den Herren, der künstlich und fein dich
bereitet, der dir Gesundheit verliehen, dich
freundlich geleitet. In wie viel Not hat nicht der
gnädige Gott über dir Flügel gebreitet!

Lobe den Herren, der sichtbar dein Leben
gesegnet,
der aus dem Himmel mit Strömen der Liebe
geregnet. Denke daran, was der Allmächtige kann,
der dir mit Liebe begegnet.
(EG 316,1–4)

Raum für Stille und Austausch von Erinnerungen

Segenswunsch
Möge der Herr sein Angesicht zu dir wenden,
damit es in deinem Leben hell wird. Möge sein
Wort dich leiten und sein Geist dich erleuchten.
Mögest du getrost und zuversichtlich deine Tage

erleben und die Liebe Gottes in deinem Herzen spüren. Der Herr sei dir nahe.

Segnen mit dem Zeichen des Kreuzes
Der Herr segne dich und behüte dich. Der Herr lasse sein Angesicht leuchten über dir und sei dir gnädig. Der Herr hebe sein Angesicht über dich und gebe dir Frieden. † Amen.

Gebet
Mein Gott, der du über die Tage und Jahre meines Lebens bestimmst, ich danke dir, dass ich auch in dieser Zeit deine Nähe erfahre. Was auch immer deine Gedanken über mein Leben sind, ich weiß, dass du es zu einem guten Ende führen wirst. Ich will dir vertrauen und lege alles in deine Hände. Danke für die schöne Gabe des Lebens. Ich bitte dich, bleibe bei mir am Abend eines jeden Tages und am Abend meines Lebens. Amen.

Vater unser im Himmel …

Wir schließen, indem wir uns bekreuzigen und dabei sprechen: Es segne uns Gott, der Vater, der Sohn und der Heilige Geist. † Amen.

Eintritt in den Ruhestand

Segen

bei Lebensveränderungen
und Lebenskrisen

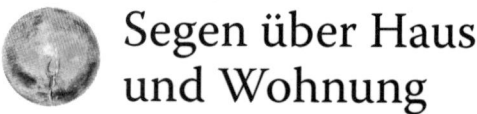

Segen über Haus und Wohnung

Wir haben ein Haus gebaut oder sind umgezogen und haben eine neue Wohnung bezogen. Vielleicht am selben Ort oder in einer anderen Stadt. Wir haben unser Zuhause eingerichtet, mit vertrauten Gegenständen und auch mit neuen Möbeln. Die Dinge, die wir mitgenommen haben, erinnern uns an vergangene Tage und Zeiten, an Jahre voller Ereignisse und Erlebnisse. Von einem neuen Zuhause erwarten wir Geborgenheit in schön gestalteten Räumen. Darum ist es auch heute noch eine sinnvolle Geste, wenn symbolisch zum Einzug Brot und Salz für Leben und Gedeihen überreicht werden. Damit verbunden ist der Segenswunsch, dass Gott die Bewohner behüten und bewahren möge. Auf alten Fachwerkhäusern stehen in die Balken geritzt entsprechende Bibelworte oder Segenswünsche. Auch eine andere Tradition weist auf den Wunsch und die Bitte, als Gesegnete des Herrn ein- und auszugehen: An jedem 6. Januar, dem Fest der Heiligen Drei Könige, werden an die Haustüren die Buchstaben C+M+B (lat. Christus Mansionem Benedicat) geschrieben, was bedeutet: Christus segne das Haus.

Segensfeier

Im Namen Gottes, des Vaters, des Sohnes und des
Heiligen Geistes. † Amen.

Segenswort
Möge der Herr dein Haus und alle, die ein- und
ausgehen, behüten. Möge der Segen niemals schief
hängen und das Glück dein Gast sein. Mögest du
immer etwas zum Essen und Trinken haben und
mit einem ruhigen Gewissen schlafen.

Psalmgebet
Wenn der Herr nicht das Haus baut,
so arbeiten umsonst, die daran bauen.
Wenn der Herr nicht die Stadt behütet,
so wacht der Wächter umsonst.
Es ist umsonst, dass ihr früh aufsteht
und hernach lange sitzet
und esset euer Brot mit Sorgen;
denn seinen Freunden gibt er es im Schlaf.
(Psalm 127,1–2)

Lied
Ich singe dir mit Herz und Mund,
Herr, meines Herzens Lust;
ich sing und mach auf Erden kund,
was mir von dir bewusst.

Ich weiß, dass du der Brunn der Gnad
und ewge Quelle bist,
daraus uns allen früh und spat
viel Heil und Gutes fließt.

Was sind wir doch? Was haben wir
auf dieser ganzen Erd,
das uns, o Vater, nicht von dir
allein gegeben werd?

Ach Herr, mein Gott, das kommt von dir,
du, du musst alles tun,
du hältst die Wach an unsrer Tür
und lässt uns sicher ruhn.
(EG 324,1–3.7)

Raum für Stille

Segenswunsch
Der Herr möge dein Haus auf festen Grund
stellen, damit du immer das Gefühl der Sicherheit
und der Geborgenheit hast. Und wenn du dein
Haus verlassen musst, sollst du wissen, dass du im
Himmel ein Haus hast, das ewig ist.

Segnen mit dem Zeichen des Kreuzes

Der Herr segne dich und behüte dich. Der Herr
lasse sein Angesicht leuchten über dir und sei dir
gnädig. Der Herr hebe sein Angesicht über dich
und gebe dir Frieden. † Amen.

Gebet

Herr, wir wissen, dass wir hier keine bleibende
Stätte haben. Aber wir danken dir für den Raum,
in dem wir leben können. Wir brauchen ein Dach
über dem Kopf, einen Ort, an den wir uns
zurückziehen können. Gib, dass wir mit redlichem
Herzen in unserem Haus miteinander leben und
gerne Gäste einladen. Hier auf Erden wird für
jeden von uns alle irdische Behausung einmal
enden. Dann dürfen wir aber wissen, dass du uns
in deinen Wohnungen aufnimmst und wir unter
dem Dach des Himmels leben. Herr Jesus
Christus, segne uns und dieses Haus. Amen.

Vater unser im Himmel ...

Wir schließen, indem wir uns bekreuzigen und
dabei sprechen: Es segne uns Gott, der Vater, der
Sohn und der Heilige Geist. † Amen.

Lebenskrise

Lebenskrisen sind Zeiten, wo sich im wahrsten Sinne des Wortes etwas entscheiden muss. Die gestörte Entwicklung der Lebensmuster, die zerbrechende Beziehung zwischen zwei Menschen, die unhaltbare Lage am Arbeitsplatz, das sind Situationen, die unsere Vorstellungen von Leben außer Kraft setzen. Auch das Bewusstwerden von Vergänglichkeit und Sterben kann eine Lebenskrise auslösen. Eine Lebenskrise hat mit der Erfahrung von Verlust zu tun, so zum Beispiel mit dem Verlust eines nahen Menschen, der Gesundheit, der Jugendjahre oder dem Verlust der Liebe. Auch die Bibel ist voll von Geschichten des Verlustes und der Lebenskrisen. So der schmerzliche Verlust des Paradieses, der Verlust der Liebe Gottes, der Verlust der Heimat (Exil) bis zum Verlust der Welt, die im Gericht Gottes untergehen wird. Doch hinter diesen Bildern steht immer auch die Verheißung: Siehe, ich mache alles neu! Der Verlust des Lebens wird durch die Auferstehung Jesu Christi zum ewigen Leben aufgehoben. Ist jemand in Christus, so ist er eine neue Kreatur, das heißt: er hat schon jetzt Anteil an der neuen Schöpfung. Jede Krise zeigt den Verlust, der auch zum Gewinn führen kann. Das Alte, das unwiederbringlich zu Ende gegangen ist, soll in ein Neues verwandelt werden. Krisen sind Anzeichen dafür, dass unser Leben neu geboren werden kann. Die Verwandlung geschieht mit und unter dem Segen Gottes. Segen will immer zum wirklichen Leben führen.

Segensfeier

Im Namen Gottes, des Vaters, des Sohnes und des Heiligen Geistes. † Amen.

Segenswort
Mögest du abschiedlich zurückblicken und das Gewesene hinter dir lassen können.
Und mögest du zuversichtlich nach vorne schauen, um Augen,
Herz und Sinne für das Neue zu öffnen,
das für dich werden will.

Psalmgebet

Aus der Tiefe rufe ich, Herr, zu dir.
Herr, höre meine Stimme!
Lass deine Ohren merken auf die Stimme meines
Flehens!
Wenn du, Herr, Sünden anrechnen willst –
Herr, wer wird bestehen?
Denn bei dir ist die Vergebung,
dass man dich fürchte.
Ich harre des Herrn, meine Seele harret,
und ich hoffe auf sein Wort.
Meine Seele wartet auf den Herrn
mehr als die Wächter auf den Morgen.
(Psalm 130,1–6)

Lied

Wer nur den lieben Gott lässt walten
und hoffet auf ihn allezeit,
den wird er wunderbar erhalten
in aller Not und Traurigkeit.
Wer Gott, dem Allerhöchsten, traut,
der hat auf keinen Sand gebaut.

Lebenskrise

Was helfen uns die schweren Sorgen,
was hilft uns unser Weh und Ach?
Was hilft es, dass wir alle Morgen
beseufzen unser Ungemach?
Wir machen unser Kreuz und Leid
nur größer durch die Traurigkeit.

Man halte nur ein wenig stille
und sei doch in sich selbst vergnügt,
wie unsers Gottes Gnadenwille,
wie sein Allwissenheit es fügt;
Gott, der uns sich hat auserwählt,
der weiß auch sehr wohl, was uns fehlt.

Sing, bet und geh auf Gottes Wegen,
verricht das Deine nur getreu
und trau des Himmels reichem Segen,
so wird er bei dir werden neu.
Denn welcher seine Zuversicht
auf Gott setzt, den verlässt er nicht.
(EG 369,1–3.7)

Raum für Stille

Segenswunsch
Gott segne deine Wege und deine Irrwege.
Gott segne dein mutiges Voranschreiten
und dein zögerndes Auf-der-Stelle-Treten.
Gott segne dein nachdenkliches Innehalten
und deinen beherzten Aufbruch.
Gott segne dein Leben
mit allen seinen Umbrüchen und Aufbrüchen
und sei bei dir auf deinem Weg.

Segnen mit dem Zeichen des Kreuzes
Der Herr segne dich und behüte dich. Der Herr
lasse sein Angesicht leuchten über dir und sei dir
gnädig. Der Herr hebe sein Angesicht über dich
und gebe dir Frieden. † Amen.

Gebet
Gott, du kennst die Scherben meines Lebens. Du
weißt um meine Verzweiflung über Misslungenes
und Zerstörtes. Aber ich vertraue darauf, dass du
auch aus den Scherben ein farbenfrohes Mosaik
meines Lebens gestalten kannst. Lass mich auch
meine Verluste, Abschiede und Umbrüche im
Licht deiner Gnade sehen. Hilf mir, mir selbst und
anderen verzeihen zu können. Amen.

Vater unser im Himmel ...

Lebenskrise

Wir schließen, indem wir uns bekreuzigen und dabei sprechen: Es segne uns Gott, der Vater, der Sohn und der Heilige Geist. † Amen.

 # Lebensreise

Mein Leben ist eine Reise von dem Ort meines Ur-
sprungs zu dem Ziel meines Weges. Anfang und
Ende liegen bei Gott. Er ist der Schöpfer meines Lebens. Er hat es mir anvertraut. Ich darf es entfalten.
Ich habe den Auftrag, mich auf den Weg zu machen.
Es ist eine Zeit aus Stunden, Tagen und Jahren. Ich
darf gewiss sein, dass ich unter dem Segen des Allmächtigen stehe. Diese Reise durch die Zeit haben
die Alten als Pilgerreise bezeichnet. So bin ich auf
dem Weg und will das Ziel nicht aus den Augen
verlieren. Wohin meine Reise auch geht, ich vertraue
darauf, dass mir Christus nahe ist und der Geist mir
Erkenntnis für die richtige Entscheidung gibt. Ich
weiß, mein Weg führt aus der Vergänglichkeit und
den fliehenden Schatten des Todes in die Auferstehung des Herrn. Und darum ist mein Leben ein
Abenteuer voller Kraft und Bewegung. E steht unter
einer großen Verheißung. Ich muss nicht stehen
bleiben, sondern kann mich erheben und auf den
Weg machen. Wie und wohin mich auch meine
Wege führen, sie sind immer eine Reise zu Gott, zu
der Heimat meiner Seele.

Segensfeier

Im Namen Gottes, des Vaters, des Sohnes und des Heiligen Geistes. † Amen.

Segenswort
Möge der Herr deine Wege segnen und dich an dem Ziel ankommen lassen, das er für dein Leben bestimmt hat. Mögen dir auf deinem Weg Engel vorausgehen und Menschen begegnen, die es gut mit dir meinen.

Psalmgebet
Ich hebe meine Augen auf zu den Bergen.
Woher kommt mir Hilfe?
Meine Hilfe kommt vom Herrn,
der Himmel und Erde gemacht hat.
Er wird deinen Fuß nicht gleiten lassen,
und der dich behütet, schläft nicht.
Siehe, der Hüter Israels
schläft und schlummert nicht.
Der Herr behütet dich;
der Herr ist dein Schatten über deiner rechten Hand,
dass dich des Tages die Sonne nicht steche
noch der Mond des Nachts.
Der Herr behüte dich vor allem Übel,

er behüte deine Seele.
Der Herr behüte deinen Ausgang und Eingang
von nun an bis in Ewigkeit!
(Psalm 121)

Lied
Wohl denen, die da wandeln
vor Gott in Heiligkeit,
nach seinem Worte handeln
und leben allezeit;
die recht von Herzen suchen Gott
und seine Zeugniss' halten,
sind stets bei ihm in Gnad.

Von Herzensgrund ich spreche:
dir sei Dank allezeit,
weil du mich lehrst die Rechte
deiner Gerechtigkeit.
Die Gnad auch ferner mir gewähr;
ich will dein Rechte halten,
verlass mich nimmermehr.

Mein Herz hängt treu und feste
an dem, was dein Wort lehrt.
Herr, tu bei mir das Beste,
sonst ich zuschanden werd.
Wenn du mich leitest, treuer Gott,

Lebensreise

so kann ich richtig laufen
den Weg deiner Gebot.

Dein Wort, Herr, nicht vergehet,
es bleibet ewiglich,
so weit der Himmel gehet,
der stets beweget sich;
dein Wahrheit bleibt zu aller Zeit
gleichwie der Grund der Erden,
durch deine Hand bereit'.
(EG 295,1–4)

Raum für Stille

Segnen mit dem Zeichen des Kreuzes
Der Herr segne dich und behüte dich. Der Herr
lasse sein Angesicht leuchten über dir und sei dir
gnädig. Der Herr hebe sein Angesicht über dich
und gebe dir Frieden. † Amen.

Gebet
Mein Gott, du hast mir deinen Segen auf meinen
Weg gegeben. Ich danke dir, dass du mit mir gehst
und mich behütest.
Bewahre mich vor allen Gefahren, die mir
drohen, und lenke meine Schritte immer auf
rechtem Weg.

Gib, dass Menschen an meiner Seite sind, denen ich vertrauen kann und die es gut mit mir meinen. Gib mir ein Herz mit Mut, einen Verstand mit Klarheit, ein Gewissen für Wahrheit und eine Seele, die immer für dich bereit ist. Amen.

Vater unser im Himmel …

Wir schließen, indem wir uns bekreuzigen und dabei sprechen: Es segne uns Gott, der Vater, der Sohn und der Heilige Geist. † Amen.

Segen

bei Krankheit und Behinderung

Krankheit

Krankheit ist nicht nur die Abwesenheit von Gesundheit, sondern auch Anzeichen der unvollendeten Schöpfung. Wir können an Leib, Seele und Geist erkranken. Wir wissen, dass diese drei Bereiche nicht nur unser Leben ausmachen, sondern auch eng miteinander verbunden und voneinander abhängig sind. Krankheit heißt, mit Einschränkungen mehr oder weniger lange Zeit leben zu müssen. Wir müssen lernen, dass zum Leben nicht nur die Stärke, sondern auch die Schwäche gehört. Wir erkennen auch, dass wir nicht nur aus eigener Kraft leben, sondern auch die Hilfe anderer benötigen, der Ärzte mit der Kunst des Heilens und der Menschen, die um uns sind und uns ermutigen. Menschen, die mit uns und für uns beten. Nach Jakobus 5,14–16 ist die Krankensegnung mit Gebet, Handauflegung und Salbung der Stirn und der Hände mit Öl ein bewusster Akt des Glaubens an die heilende Kraft Gottes. »Gott Vater, Sohn und Heiliger Geist gebe dir seine Gnade: Schutz und Schirm vor allem Argen, Stärke und Hilfe zu allem Guten, dass du bewahrt wirst zum ewigen Leben. Friede sei mit dir!«

Segensfeier

Im Namen Gottes, des Vaters, des Sohnes und des
Heiligen Geistes. † Amen.

Segenswort
Der Herr ist ein Gott des Lebens. Er möge in
diesen Tagen deine Schmerzen und Leiden
lindern.
Er gebe dir seinen Segen und Schutz für Leib,
Geist und Seele. Er vertreibe die dunklen Wolken
am Himmel und lasse die Sonne wieder in deinem
Herzen scheinen.

Psalmgebet
Ich aber sprach, als es mir gut ging:
Ich werde nimmermehr wanken.
Denn, Herr, durch dein Wohlgefallen
hattest du mich auf einen hohen Fels gestellt.
Aber als du dein Antlitz verbargest, erschrak ich.
Zu dir, Herr, rief ich,
und zum Herrn flehte ich:
Was nützt dir mein Blut,
wenn ich zur Grube fahre?
Wird dir auch der Staub danken
und deine Treue verkündigen?
Herr, höre und sei mir gnädig!

Herr, sei mein Helfer!
Du hast mir meine Klage verwandelt in einen
Reigen,
du hast mir den Sack der Trauer ausgezogen
und mich mit Freude gegürtet,
dass ich dir lobsinge und nicht stille werde.
(Psalm 30,7–13)

Lied
Herr, du hast mich angerührt.
Lange lag ich krank darnieder,
aber nun – die Seele spürt:
Alte Kräfte kehren wieder.
Neue Tage leuchten mir.
Gott, du lebst. Ich danke dir!

Dank für deinen Trost, o Herr,
Dank selbst für die schlimmen Stunden,
da im aufgewühlten Meer
sinkend schon ich Halt gefunden.
Du hörst auch den stummen Schrei,
gehst im Dunkeln nicht vorbei.

Aus der Finsternis wird Tag.
Tau fällt, um das Land zu schmücken.
Sonne steigt und Lerchenschlag,
meinen Morgen zu beglücken.

Krankheit

Lobgesang durchströmt die Welt.
Du hast mich ins Licht gestellt.

Langer Nächte Unheilsschritt
muss mich nun nicht mehr erschrecken.
Um mich her das Schöpfungslied
soll sein Echo in mir wecken.
Neue Quellen öffnen sich.
Gott, du lebst. Ich lobe dich!
(EG 383,1–4)

Raum für Stille

Segenswunsch
Der Herr über Leben und Tod wird dich in seiner
Liebe und Güte nicht vergessen. Er möge dir die
Kraft schenken, diese Zeit in Geduld und
Hoffnung zu überstehen. Er möge dich lehren,
welche neuen Fenster in der Krankheit und
Schwäche sich für dich auftun.

Segnen mit dem Zeichen des Kreuzes
Der Herr segne dich und behüte dich. Der Herr
lasse sein Angesicht leuchten über dir und sei dir
gnädig. Der Herr hebe sein Angesicht über dich
und gebe dir Frieden. † Amen.

Gebet

Ach, mein Gott, ich weine und klage über all das Leiden und über die Ungewissheit, ob die Ärzte und die moderne Medizin mir helfen können. Ich zweifle und bin ungeduldig, weil alles seine Zeit braucht. Du führst mich auf einem Weg, den ich nicht gehen will. Meine Angst schnürt mir fast die Kehle zu, wenn ich daran denke, wie zerbrechlich alles Glück sein kann. Ich bitte dich, lehre mich zu begreifen, was dein Wille für mein Leben ist und was du mit mir vorhast. Amen.

Vater unser im Himmel ...

Wir schließen, indem wir uns bekreuzigen und dabei sprechen: Es segne uns Gott, der Vater, der Sohn und der Heilige Geist. † Amen.

Krankheit

Nach Mitteilung eines Krankheitsbefundes

Wenn es mich trifft, dann erschrecke ich. Ich habe damit nicht gerechnet. Vielleicht vermutet oder befürchtet. Doch heute hat mir der Arzt eröffnet, dass meine Befunde nicht so gut sind, wie sie sein sollten. Man muss noch die richtige Medizin oder Therapie finden. Offen ist auch noch, ob eine Einweisung ins Krankenhaus notwendig wird. Nun ist auf einmal alles anders in meinem gewohnten Lebenslauf. Die Krankheit fordert, dass ich zunächst herausgenommen werde aus dem Rhythmus von Arbeit und Freizeit, aus dem Leben mit meiner Familie und meinem gewohnten Tageslauf. Ohne die körperliche, geistige und seelische Gesundheit kann ich eben nicht mehr das leisten, was bisher selbstverständlich war. Und ich frage mich immer und immer wieder. Warum hat es gerade mich getroffen? Vielleicht werde ich auf diese Frage keine Antwort erhalten. Ich kann nur darauf hoffen, dass auch in unbeantworteten Fragen ein Sinn liegt. Unter anderem der Sinn, zu erkennen, dass ich über mich und mein Geschick nicht allein bestimmen kann. Ich habe ein Leben, das ich Gott zu verdanken habe. Ich bedarf aber des Rates, der Hilfe und Rettung. Und bei allem ist ein großes Vertrauen notwendig. Dann kann ich auch mit der Nachricht meines Arztes anders umgehen und mich dem Segen des Herrn anbefehlen.

Segensfeier

Im Namen Gottes, des Vaters, des Sohnes und des Heiligen Geistes. † Amen.

Segenswort
Gerade auch in den dunklen Stunden der Unsicherheit, der Fragen und der Angst darfst du auf Gottes Nähe vertrauen. Du darfst dich in seine Arme fallenlassen und dich von ihm getragen wissen.

Psalmgebet
Gott ist unsre Zuversicht und Stärke,
eine Hilfe in den großen Nöten,
die uns getroffen haben.
Darum fürchten wir uns nicht,
wenngleich die Welt unterginge

und die Berge mitten ins Meer sänken,
wenngleich das Meer wütete und wallte
und von seinem Ungestüm die Berge einfielen.
(Psalm 46,2–4)

Aber sei nur stille zu Gott, meine Seele;
denn er ist meine Hoffnung.
Er ist mein Fels, meine Hilfe und mein Schutz,
dass ich nicht fallen werde.
Bei Gott ist mein Heil und meine Ehre,
der Fels meiner Stärke,
meine Zuversicht ist bei Gott.
Hoffet auf ihn allezeit, liebe Leute,
schüttet euer Herz vor ihm aus;
Gott ist unsre Zuversicht.
(Psalm 62,6–9)

Lied
Ich steh in meines Herren Hand
und will drin stehen bleiben;
nicht Erdennot, nicht Erdentand
soll mich daraus vertreiben.
Und wenn zerfällt die ganze Welt,
wer sich an ihn und wen er hält,
wird wohlbehalten bleiben.

Er ist ein Fels, ein sichrer Hort,
und Wunder sollen schauen,
die sich auf sein wahrhaftig Wort
verlassen und ihm trauen.
Er hat's gesagt, und darauf wagt
mein Herz es froh und unverzagt
und lässt sich gar nicht grauen.

Und was er mit mir machen will,
ist alles mir gelegen;
ich halte ihm im Glauben still
und hoff auf seinen Segen;
denn was er tut, ist immer gut,
und wer von ihm behütet ruht,
ist sicher allerwegen.
(EG 374,1–3)

Raum für Stille

Segenswunsch
Mögest du Gottes Begleitung spüren auf deinen
Wegen durch die dunklen Täler deiner Krankheit.
Gott schenke dir Geduld mit deinem kranken
Körper. Er sende dir hilfreiche Menschen, die dir
in deinem körperlichen Leiden und bei deinen
grübelnden Fragen Verständnis entgegenbringen
und dir zur Seite stehen.

Segnen mit dem Zeichen des Kreuzes
Der Herr segne dich und behüte dich. Der Herr lasse sein Angesicht leuchten über dir und sei dir gnädig. Der Herr hebe sein Angesicht über dich und gebe dir Frieden. † Amen.

Gebet
Gott, lass mich mit meinen Fragen zu dir kommen können. Manchmal möchte ich mich aufbäumen gegen diese Krankheit, manchmal möchte ich einfach aufgeben, mich geschlagen geben und versinke in Leid und Selbstmitleid. Steh du mir bei und lehre mich, die Krankheit anzunehmen, auch wenn ich keinen Sinn dahinter sehe, auch wenn ich nicht verstehe, warum das ausgerechnet mir passieren musste. Im Moment bin ich voller Fragen. Hilf mir anzunehmen, dass es nicht auf alles sofort eine Antwort und für alles unmittelbar eine Lösung gibt. Ich will Vertrauen und Hoffnung lernen. Schenke du mir Kraft für alles, was auf mich zukommt. Amen.

Vater unser im Himmel ...

Wir schließen, indem wir uns bekreuzigen und dabei sprechen: Es segne uns Gott, der Vater, der Sohn und der Heilige Geist. † Amen.

 # Vor der Operation

Es ist nicht mehr zu vermeiden. Ich muss ins Krankenhaus, um operiert zu werden. Die Ärzte haben mich informiert und vorbereitet für diesen Tag. Ich selber kann nichts mehr tun. Nun liegt es am Können der Ärzte, Schwestern und Pfleger, mich wieder gesund zu machen. Eine tiefe Unruhe überfällt mich, denn ich weiß nicht, wie es ausgehen wird. Es ist die Ungewissheit, die mich nicht schlafen lässt. Ich denke über vieles nach, was ich noch zu erledigen habe. Ich denke an die Narkose. Ich werde nichts mehr hören und sehen. An das Erwachen danach und an den Augenblick, wo ich höre, ob alles gut verlaufen ist. Ich hoffe, dass die Operation ohne Komplikationen gelingt. Bei allem wird von mir ein großes Vertrauen auf Menschen und Gott erwartet. Ich weiß, dass viele Menschen, die mir nahe stehen, mich mit ihren Gedanken, Wünschen und Gebeten begleiten. Ich bin nicht allein. Ich bitte Gott um seine segnende Kraft und Hilfe. Ich vertraue mich ganz seinem Willen an. Mein Leben liegt in seinen Händen. Was auch immer geschieht, er ist bei mir.

Segensfeier

Im Namen Gottes, des Vaters, des Sohnes und des
Heiligen Geistes. † Amen.

Segenswort
Der Herr wird dir in deiner Sorge und Angst mit
seinem Wort und Geist helfen, zu überwinden,
was dein Herz beschwert und deine Seele betrübt.
Dein Herz sei getrost und deine Seele ohne Angst.
Fürchte dich nicht und lege alles in Gottes Hände.

Psalmgebet
Gott, du bist mein Gott, den ich suche.
Es dürstet meine Seele nach dir,
mein ganzer Mensch verlangt nach dir
aus trockenem, dürrem Land, wo kein Wasser ist.
Denn du bist mein Helfer,
und unter dem Schatten deiner Flügel frohlocke ich.
Meine Seele hängt an dir; deine rechte Hand hält mich.
(Psalm 63,2–3.8–9)

Lied
Bis hierher hat mich Gott gebracht
durch seine große Güte,
bis hierher hat er Tag und Nacht
bewahrt Herz und Gemüte,

bis hierher hat er mich geleit,
bis hierher hat er mich erfreut,
bis hierher mir geholfen.

Hilf fernerweit, mein treuster Hort,
hilf mir zu allen Stunden.
Hilf mir an all und jedem Ort,
hilf mir durch Jesu Wunden.
Damit sag ich bis in den Tod:
durch Christi Blut hilft mir mein Gott;
er hilft, wie er geholfen.
(EG 329,1.3)

Raum für Stille

Segenswunsch
Mögest du dein Herz zu Gott wenden, deine
Stimme im Gebet zu ihm erheben, und gewiss
sein, dass er deine Hand nimmt und zu dir spricht:
Fürchte dich nicht, ich helfe dir. Du aber sprich zu
ihm: Dein Wille geschehe!

Segnen mit dem Zeichen des Kreuzes
Der Herr segne dich und behüte dich. Der Herr
lasse sein Angesicht leuchten über dir und sei dir
gnädig. Der Herr hebe sein Angesicht über dich
und gebe dir Frieden. † Amen.

Gebet

Mein Gott, zu dir rufe ich aus meiner Angst und Not. Ich bin voller Sorge, weil ich nicht weiß, ob die Operation gelingt. Ich bin unsicher, ob ich wieder ganz gesund werden kann. Mein Gott, du bist Herr auch über mein Leben. Du hast mir viele gute Tage geschenkt. So bitte ich dich, führe mich durch diese Zeit der Zweifel und der Schmerzen. Jesus Christus lädt mich ein, zu ihm zu kommen in meiner Bedrängnis, denn er will mich erquicken. Darauf verlasse ich mich. Amen.

Vater unser im Himmel ...

Wir schließen, indem wir uns bekreuzigen und dabei sprechen: Es segne uns Gott, der Vater, der Sohn und der Heilige Geist. † Amen.

 # Behinderung

Behinderung hat mit Hindernissen zu tun. Es gibt viele Hindernisse, die ich überwinden muss. Es sind Menschen, die mich bei meiner Lebensentfaltung behindern, weil sie meine Gaben nicht fördern, sondern unterdrücken. Es gibt vorübergehende und bleibende Behinderungen. Ich muss lernen, mit den bleibenden körperlichen, seelischen und geistigen Behinderungen zu leben, den Alltag so gut wie möglich zu bestehen. Die Ursachen für Behinderung sind vielfältig und oft auch noch verborgen. Eine große Hilfe sind die vielen Helfer mit ihren spezifischen Ausbildungen. Sie geben sich Mühe, zu erforschen, zu heilen und zu lindern. Gott will auch ein behindertes Leben behüten und bewahren. Denn jeder ist ein Geschöpf Gottes und damit sein Kind, das am Leben teilhaben soll.

Viele Menschen wollen jedoch nicht wahrhaben, dass sie ihr Leben selbst gefährden und sich selbst an der Entfaltung ihres Lebens hindern. Ohne den sorgsamen Umgang mit sich selbst und ohne den Segen Gottes ist das Menschenleben in Gefahr, unvollkommen zu bleiben. So bitte ich für mich und für jeden, dessen Leben wie auch immer behindert ist, um Gottes Segen, der alles Leben geschaffen hat, erhält und am Ende der Zeit in ewiges und vollkommenes Leben verwandeln wird.

Segensfeier

Im Namen Gottes, des Vaters, des Sohnes und des Heiligen Geistes. † Amen.

Segenswort
Jeder Mensch ist ein geliebtes Kind Gottes. Vor Gott gibt es kein Ansehen der Person, sondern jeder ist in seiner Art ein Geschöpf des Himmels. Über alle breitet Gott seinen Segen wie Flügel aus.

Psalmgebet
Und ob ich schon wanderte im finstern Tal,
fürchte ich kein Unglück;
denn du bist bei mir,
dein Stecken und Stab trösten mich.
Du bereitest vor mir einen Tisch
im Angesicht meiner Feinde.
Du salbest mein Haupt mit Öl
und schenkest mir voll ein.

Gutes und Barmherzigkeit werden mir
folgen mein Leben lang,
und ich werde bleiben
im Hause des Herrn immerdar.
(Psalm 23,4–6)

Lied
In dir ist Freude in allem Leide,
o du süßer Jesu Christ!
Durch dich wir haben himmlische Gaben,
du der wahre Heiland bist;
hilfest von Schanden, rettest von Banden.
Wer dir vertrauet, hat wohl gebauet,
wird ewig bleiben. Halleluja.
Zu deiner Güte steht unser G'müte,
an dir wir kleben im Tod und Leben;
nichts kann uns scheiden. Halleluja.

Wenn wir dich haben, kann uns nicht schaden
Teufel, Welt, Sünd oder Tod;
du hast's in Händen,
kannst alles wenden,
wie nur heißen mag die Not.
Drum wir dich ehren, dein Lob vermehren
mit hellem Schalle, freuen uns alle
zu dieser Stunde. Halleluja.
Wir jubilieren und triumphieren,

lieben und loben dein Macht dort droben
mit Herz und Munde. Halleluja.
(EG 398)

Raum für Stille

Segenswunsch
Der Herr schenke dir ein tapferes Herz,
das alles mit Geduld und Zuversicht tragen kann.
Der Herr gebe dir einen fröhlichen Geist,
der allen Widerständen zum Trotz
dich aufrecht hält.
Der Herr möge deinen Leib und deine Seele
bewahren,
dich heilen und trösten.

Segnen mit dem Zeichen des Kreuzes
Der Herr segne dich und behüte dich. Der Herr
lasse sein Antlitz leuchten über dir und sei dir
gnädig. Der Herr hebe sein Angesicht über dich
und gebe dir Frieden. † Amen.

Gebet
Mein Gott, du hast eine andere Vorstellung von
Leben als ich. Ich bin manchmal betrübt, dass ich
mit Einschränkungen leben muss. Aber ich darf
wissen, dass du auch mir das Geheimnis des

wahren Lebens offenbaren willst. Darauf vertraue ich und danke dir, dass du bei mir bist in guten und schlechten Tagen. Ich will mein Herz dir öffnen, damit du es mit Gnade und Freude erfüllst. Amen.

Vater unser im Himmel …

Wir schließen, indem wir uns bekreuzigen und dabei sprechen: Es segne uns Gott, der Vater, der Sohn und der Heilige Geist. † Amen.

Behinderung

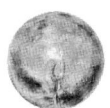

Wiedergenesung

Wenn nach überstandener Krankheit wieder die Kräfte meiner Seele und meines Leibes zurückkehren, ist das wie ein neuer Morgen nach dunkler Nacht. Es wird wieder hell in mir und um mich. Gott hat mich nun wieder in den weiten Raum des Lebens geführt. Ich atme die Luft, ich höre die Stimmen, ich sehe die Menschen und Dinge wie nach einer längeren Zeit der Abwesenheit. Jetzt bin ich wieder mitten im Leben. Die Gegenwart pulsiert in mir. Ich lebe inmitten von Leben mit all den Gefühlen einer großen Dankbarkeit und einer unbändigen Freude. Nun kann ich wieder das Lied des Lebens anstimmen. Ich darf wieder den Rhythmus des Lebens von Neuem lernen. Der Schlag meines Herzens wird mich beleben und ich fühle den Hauch des Geistes der Inspiration. Und ich will fortan auf die Verletzlichkeit meiner Seele und die Grenzen meines Körpers achten. Auf den Rhythmus von Einatmen und Ausatmen, von Anspannung und Entspannung zu hören, ist die Kunst inmitten aller Unruhe der Tage. Es gilt, die rechte Balance zwischen Tun und Lassen zu finden, dass mir die Sorgen nicht Löcher in die

Seele fressen. Ich will die Erkenntnis beachten, dass ich gehe, wenn ich gehe, dass ich sitze, wenn ich sitze. Ich will die Kunst der kleinen Schritte wieder üben. Und mein Leben wird wieder neu und aufregend.

Segensfeier

Im Namen Gottes, des Vaters, des Sohnes und des Heiligen Geistes. † Amen.

Segenswort
Möge dir der Herr ein geduldiges und starkes Herz geben. Möge er dir die Gesundheit deines Leibes und die Stärke deiner Seele schenken. Er wird nach Zeiten deiner Seufzer und deiner Schmerzen dir das Lachen wieder geben.

Biblischer Zuspruch
Weißt du nicht? Hast du nicht gehört?
Der Herr, der ewige Gott,
der die Enden der Erde geschaffen hat,
wird nicht müde noch matt,
sein Verstand ist unausforschlich.
Er gibt dem Müden Kraft,

und Stärke genug dem Unvermögenden.
Männer werden müde und matt,
und Jünglinge straucheln und fallen;
aber die auf den Herrn harren,
kriegen neue Kraft,
dass sie auffahren mit Flügeln wie Adler,
dass sie laufen und nicht matt werden,
dass sie wandeln und nicht müde werden.
(Jesaja 40,28–31)

Lied
Die güldne Sonne voll Freud und Wonne
bringt unsern Grenzen mit ihrem Glänzen
ein herzerquickendes, liebliches Licht.
Mein Haupt und Glieder, die lagen darnieder;
aber nun steh ich, bin munter und fröhlich,
schaue den Himmel mit meinem Gesicht.

Abend und Morgen sind seine Sorgen;
segnen und mehren, Unglück verwehren
sind seine Werke und Taten allein.
Wenn wir uns legen, so ist er zugegen;
wenn wir aufstehen, so lässt er aufgehen
über uns seiner Barmherzigkeit Schein.

Alles vergeht, Gott aber stehet
ohn alles Wanken; seine Gedanken,

sein Wort und Wille hat ewigen Grund.
Sein Heil und Gnaden, die nehmen nicht Schaden,
heilen im Herzen die tödlichen Schmerzen,
halten uns zeitlich und ewig gesund.
(EG 449,1.4.8)

Raum für Stille

Segenswunsch
Gott, der Herr, lasse dich heil werden an Leib und
Seele. Er schenke dir Geduld mit deinen Grenzen
und Freude an deinen Fähigkeiten. Er gebe dir die
Stärke und die Gelassenheit, dich mit dir selbst
auszusöhnen und dir selbst ein guter Freund zu
sein. Du bist in Krankheit und Gesundheit, mit
Schwächen und mit Stärken ein unverwechselbarer,
wertvoller Mensch, von Gott geliebt. Mögest du
diese Zusage allezeit in deinem Herzen bewahren
und mögest du daraus Kraft schöpfen für dein
Leben.

Segnen mit dem Zeichen des Kreuzes
Der Herr segne dich und behüte dich. Der Herr
lasse sein Angesicht leuchten über dir und sei dir
gnädig. Der Herr hebe sein Angesicht über dich
und gebe dir Frieden. † Amen.

Gebet

Gott, wir danken dir, dass wir uns in allen Situationen des Lebens mit unserem Kummer und unseren Sorgen, aber auch mit unserer Freude und mit unserer Dankbarkeit an dich wenden können. Wir danken dir, dass wir in der Zeit der Krankheit deine Begleitung gespürt haben und uns von dir getragen fühlten. Wir bitten dich, uns nun auf dem Weg zurück in unser gewohntes Leben zu begleiten. Hilf uns, sorgsam mit uns selbst umzugehen. Lass uns achtsam sein für die Grenzen und die Bedürfnisse unseres Körpers und unserer Seele. Bewahre uns davor, uns selbst zu überfordern, und steh uns bei. Begleite und beschütze uns. Amen.

Vater unser im Himmel …

Wir schließen, indem wir uns bekreuzigen und dabei sprechen: Es segne uns Gott, der Vater, der Sohn und der Heilige Geist. † Amen.

Segen
am Lebensende

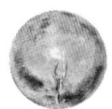 # Sterben und Tod

Leben heißt geboren werden, um die von Gott anvertraute Zeit entfalten zu können. So ist Leben immer ein Werden und Wachsen. Es ist nicht Stillstand, sondern eine Bewegung vorwärts. Wir kommen von einem Ort und gehen auf ein Ziel zu. Ursprung und Ende aber liegen bei Gott. Zwischen Geburt und Tod liegen Tage, Jahre und Zeiten des Suchens und Findens, der Lebensfülle und der Nichtigkeiten. Gott will, dass wir nicht plan- und kopflos durch die Zeiten stolpern. So wie es aber keinen Anfang ohne Ende gibt, so gibt es auch kein Ende ohne Anfang. Wir lösen uns nicht in Nichts auf, sondern unser Leben ist eine Bewegung und Fortschreiten in die Verwandlung, die begründet ist in der Auferstehung Jesu Christi. Darum wissen wir uns geborgen im Leben und im Sterben; denn wir haben eine Hoffnung: Das Leben geht über den Tod hinaus. Das Leben aus Gott ist stärker als der Tod. Und so ist letztlich unsere Lebensreise eine Rückkehr zu dem, woher wir gekommen sind, zu Gott!

Segensfeier

Im Namen Gottes, des Vaters und des Sohnes und
des Heiligen Geistes. † Amen.

Segenswort
Möge Jesus Christus im Sterben dir nahe sein und
dich mit in seine Auferstehung nehmen. Er gebe
dir die Hoffnung auf ein Leben über den Tod
hinaus.

Psalmgebet
Herr, lehre mich doch,
dass es ein Ende mit mir haben muss
und mein Leben ein Ziel hat und ich davon muss.
Siehe, meine Tage sind eine Handbreit bei dir,
und mein Leben ist wie nichts vor dir.
Wie gar nichts sind alle Menschen,
die doch so sicher leben!
Sie gehen daher wie ein Schatten
und machen sich viel vergebliche Unruhe;
sie sammeln und wissen nicht,
wer es einbringen wird.
Nun, Herr, wessen soll ich mich trösten?
Ich hoffe auf dich. Amen.
(Psalm 39,5–8)

Lied

O Welt, ich muss dich lassen,
ich fahr dahin mein Straßen
ins ewig Vaterland.
Mein Geist will ich aufgeben,
dazu mein' Leib und Leben
legen in Gottes gnädig Hand.

Mein Zeit ist nun vollendet,
der Tod das Leben endet,
Sterben ist mein Gewinn;
kein Bleiben ist auf Erden;
das Ewge muss mir werden,
mit Fried und Freud fahr ich dahin.
(EG 521,1–2)

Raum für Stille

*Valetsegen (Abschiedssegen) mit Handauflegung
und dem Zeichen des Kreuzes*
Es segne dich Gott, der Vater, der dich nach
seinem Ebenbild geschaffen hat. Es segne dich
Gott, der Sohn, der dich durch sein Leiden und
Sterben erlöst hat. Es segne dich Gott, der Heilige
Geist, der dich zu seinem Tempel bereitet und
geheiligt hat. Er sei dir gnädig im Gericht und
schenke dir das ewige Leben. † Amen.

Gebet

Herr, mein Herz hört deine Stimme und ich will einwilligen in die Stunde meines Sterbens und Todes. Ich danke dir, dass du mir das Leben geschenkt hast. Ich gebe es dir zurück. Nun kann ich auch alle dunklen Schleier der Vergangenheit zurücklassen und mich dem Licht deiner Ewigkeit zuwenden. Ich weiß, was immer die Erde trägt, muss enden. Aber ich bin gewiss, dass du bei mir bist, mich an meiner Hand führst und mich durch das Tor des Himmels führst. Amen.

Vater unser im Himmel ...

Wir schließen, indem wir uns bekreuzigen und dabei sprechen: Es segne uns Gott, der Vater, der Sohn und der Heilige Geist. † Amen.

Erinnerung des Todestages eines nahen Angehörigen

Es gibt Lebenstage, die unsere Seele traurig stimmen. Es sind die Gedenktage als Erinnerung des Herzens an einen Menschen, den wir geliebt haben oder dem wir eng verbunden waren. Diese Tage stehen in unserem Kalender, aber vor allem im Gedächtnis unseres Herzens. Der Tag seines Todes hat sich damals wie ein dunkler Schatten auf unsere Seele gelegt. Aber inzwischen sind diese Schatten langsam den hellen Augenblicken, die dieses Leben hinterlassen hat, gewichen. Augenblicke, in denen das Gute und Schöne, die ganze Fülle und Heiterkeit all der Tage und Jahre wieder sichtbar werden. Es ist wie ein Strahl des Lichtes für uns. So kann dieser Gedenktag den Dank für das Erlebte entfalten. Zugleich aber auch den Dank, dass alle Lebenszeiten in Gottes Händen liegen und zum Segen für das ewige Leben bewahrt und verwandelt werden. Die vorläufige Trennung wird durch die Auferstehung Jesu Christi in der neuen Schöpfung Gottes aufgehoben.

Segensfeier

Im Namen Gottes, des Vaters, des Sohnes und des Heiligen Geistes. † Amen.

Segenswort
Möge der Herr die Erinnerungen an einen geliebten Menschen in deinem Herzen und in deinem Gedächtnis erhalten. Es sind Geschenke eines Lebens, das Stunden, Tage und Jahre umfasst. Erinnerungen sollen dich in die Zukunft begleiten wie gute Freunde, die immer bei dir sind.

Psalmgebet
Herr, du bist unsre Zuflucht für und für.
Ehe denn die Berge wurden
und die Erde und die Welt geschaffen wurden,
bist du, Gott, von Ewigkeit zu Ewigkeit.
Der du die Menschen lässest sterben
und sprichst: Kommt wieder, Menschenkinder!
Denn tausend Jahre sind vor dir
wie der Tag, der gestern vergangen ist,
und wie eine Nachtwache.
Lehre uns bedenken, dass wir sterben müssen,
auf dass wir klug werden.
(Psalm 90,1–4.12)

Lied

Ich steh in meines Herren Hand
und will drin stehen bleiben;
nicht Erdennot, nicht Erdentand
soll mich daraus vertreiben.
Und wenn zerfällt die ganze Welt,
wer sich an ihn und wen er hält,
wird wohlbehalten bleiben.

Er ist ein Fels, ein sicherer Hort,
und Wunder sollen schauen,
die sich auf sein wahrhaftig Wort
verlassen und ihm trauen.
Er hat's gesagt, und darauf wagt
mein Herz es froh und unverzagt
und lässt sich gar nicht grauen.
(EG 374,1–2)

*Raum für Stille und Gedenken an den
Verstorbenen*

Segenswunsch

Der Herr sei mit seinem Segen bei dir, der dich
tröstet, aufrichtet und ermutigt. Er lasse dich in
Dankbarkeit zurückschauen. Und im Blick auf die
Zukunft lege dein Leben in seine Hand.

Segnen mit dem Zeichen des Kreuzes
Der Herr segne dich und behüte dich. Der Herr
lasse sein Angesicht leuchten über dir und sei dir
gnädig. Der Herr hebe sein Angesicht über dich
und gebe dir Frieden. † Amen.

Gebet
Mein Gott, ich danke dir für die gemeinsamen
Jahre in Liebe und Vertrauen. Ich danke dir für die
Fülle des Lebens, die wir miteinander erfahren
konnten. Du warst bei uns in guten und
schlechten Zeiten. Auch wenn wir dich vergessen
hatten, unter dem Mantel deiner Liebe waren wir
immer geborgen. Nun bitte ich dich, gehe mit mir
die kommenden Wege. Herr Jesus Christus, gib
mir die Kraft und die Hoffnung, allein auf dich zu
vertrauen. Amen.

Vater unser im Himmel ...

Wir schließen, indem wir uns bekreuzigen und
dabei sprechen: Es segne uns Gott, der Vater, der
Sohn und der Heilige Geist. † Amen.

Textanhang

Apostolisches Glaubensbekenntnis

Ich glaube an Gott,
den Vater, den Allmächtigen,
den Schöpfer des Himmels und der Erde.

Und an Jesus Christus,
seinen eingeborenen Sohn, unsern Herrn,
empfangen durch den Heiligen Geist,
geboren von der Jungfrau Maria,
gelitten unter Pontius Pilatus,
gekreuzigt, gestorben und begraben,
hinabgestiegen in das Reich des Todes,
am dritten Tage auferstanden von den Toten,
aufgefahren in den Himmel;
er sitzt zur Rechten Gottes, des allmächtigen Vaters;
von dort wird er kommen,
zu richten die Lebenden und die Toten.

Ich glaube an den Heiligen Geist,
die heilige christliche Kirche,
Gemeinschaft der Heiligen,
Vergebung der Sünden,
Auferstehung der Toten und das ewige Leben.
Amen.

Nizänisches Glaubensbekenntnis

Wir glauben an den einen Gott,
den Vater, den Allmächtigen,
der alles geschaffen hat, Himmel und Erde,
die sichtbare und die unsichtbare Welt.

Und an den einen Herrn Jesus Christus,
Gottes eingeborenen Sohn,
aus dem Vater geboren vor aller Zeit:
Gott von Gott, Licht vom Licht,
wahrer Gott vom wahren Gott,
gezeugt, nicht geschaffen,
eines Wesens mit dem Vater;
durch ihn ist alles geschaffen.
Für uns Menschen und zu unserm Heil
ist er vom Himmel gekommen,
hat Fleisch angenommen durch den Heiligen Geist
von der Jungfrau Maria und ist Mensch geworden.
Er wurde für uns gekreuzigt unter Pontius Pilatus,
hat gelitten und ist begraben worden,
ist am dritten Tage auferstanden nach der Schrift
und aufgefahren in den Himmel.
Er sitzt zur Rechten des Vaters
und wird wiederkommen in Herrlichkeit,
zu richten die Lebenden und die Toten;
seiner Herrschaft wird kein Ende sein.

Wir glauben an den Heiligen Geist,
der Herr ist und lebendig macht,
der aus dem Vater und dem Sohn hervorgeht,
der mit dem Vater und dem Sohn
angebetet und verherrlicht wird,
der gesprochen hat durch die Propheten,
und die eine, heilige, allgemeine und apostolische
Kirche.
Wir bekennen die eine Taufe zur Vergebung der
Sünden.
Wir erwarten die Auferstehung der Toten
und das Leben der kommenden Welt.
Amen.

Der Kleine Katechismus Dr. Martin Luthers
Das zweite Hauptstück: Der Glaube

Der erste Artikel. Von der Schöpfung
Ich glaube an Gott, den Vater, den Allmächtigen,
den Schöpfer des Himmels und der Erde.

Was ist das?
Ich glaube, dass mich Gott geschaffen hat samt
allen Kreaturen,
mir Leib und Seele, Augen, Ohren und alle Glieder,
Vernunft und alle Sinne gegeben hat und noch erhält;

dazu Kleider und Schuh, Essen und Trinken,
Haus und Hof, Weib und Kind,
Acker, Vieh und alle Güter;
mit allem, was not tut für Leib und Leben,
mich reichlich und täglich versorgt,
in allen Gefahren beschirmt
und vor allem Übel behütet und bewahrt;
und das alles aus lauter väterlicher, göttlicher Güte
und Barmherzigkeit,
ohn all mein Verdienst und Würdigkeit:
für all das ich ihm zu danken und zu loben
und dafür zu dienen und gehorsam zu sein
schuldig bin.
Das ist gewisslich wahr.

Der zweite Artikel. Von der Erlösung
Und an Jesus Christus,
seinen eingeborenen Sohn, unsern Herrn,
empfangen durch den Heiligen Geist,
geboren von der Jungfrau Maria,
gelitten unter Pontius Pilatus,
gekreuzigt, gestorben und begraben,
hinabgestiegen in das Reich des Todes,
am dritten Tage auferstanden von den Toten,
aufgefahren in den Himmel;
er sitzt zur Rechten Gottes,
des allmächtigen Vaters;

von dort wird er kommen,
zu richten die Lebenden und die Toten.

Was ist das?
Ich glaube, dass Jesus Christus,
wahrhaftiger Gott vom Vater in Ewigkeit geboren
und auch wahrhaftiger Mensch von der Jungfrau
Maria geboren,
sei mein Herr,
der mich verlornen und verdammten Menschen
erlöset hat,
erworben, gewonnen von allen Sünden,
vom Tode und von der Gewalt des Teufels;
nicht mit Gold oder Silber,
sondern mit seinem heiligen, teuren Blut
und mit seinem unschuldigen Leiden und Sterben;
damit ich sein eigen sei
und in seinem Reich unter ihm lebe und ihm diene
in ewiger Gerechtigkeit, Unschuld und Seligkeit,
gleichwie er ist auferstanden vom Tode,
lebet und regieret in Ewigkeit.
Das ist gewisslich wahr.

Der dritte Artikel. Von der Heiligung.
Ich glaube an den Heiligen Geist,
die heilige christliche Kirche,
Gemeinschaft der Heiligen,

Vergebung der Sünden,
Auferstehung der Toten
und das ewige Leben.
Amen.

Was ist das?
Ich glaube, dass ich nicht aus eigener Vernunft
noch Kraft
an Jesus Christus, meinen Herrn, glauben oder zu
ihm kommen kann;
sondern der Heilige Geist
hat mich durch das Evangelium berufen,
mit seinen Gaben erleuchtet,
im rechten Glauben geheiligt und erhalten;
gleichwie er die ganze Christenheit auf Erden
beruft, sammelt, erleuchtet, heiligt
und bei Jesus Christus erhält im rechten, einigen
Glauben;
in welcher Christenheit er mir und allen
Gläubigen
täglich alle Sünden reichlich vergibt
und am Jüngsten Tage
mich und alle Toten auferwecken wird
und mir samt allen Gläubigen in Christus
ein ewiges Leben geben wird.
Das ist gewisslich wahr.

Literaturhinweise

Rupert Berger, Neues Pastoralliturgisches Handlexikon, Verlag Herder, Freiburg, 1999

Dorothea Greiner, Segen und Segnen. Eine systematisch-theologische Grundlegung, Verlag Kohlhammer, Stuttgart, 1998

Romano Guardini, Von heiligen Zeichen, topostaschenbücher, Kevelaer, 2008

Udo Hahn, Segen, Kreuz Verlag, Stuttgart, 2007

Peter Helbich (Hrsg.), Segenswünsche für jeden Tag, Blum Verlag, Neuwied, 2009

Friederike Immanuela Popp, Der Aaronitische Segen, Zeitschrift Brennpunkt Gemeinde 1/2009, Rituale sind Fenster zum Himmel, Seite 13ff., Arbeitsgemeinschaft Missionarische Dienste, Aussaat Verlag, Neukirchen-Vluyn

Salbung in der Evangelischen Kirche, Eine Handreichung, hrsg. vom Amt für Öffentlichkeitsarbeit (AfÖ) und dem Gottesdienstinstitut der Nordelbischen Ev.-Luth. Kirche, Hamburg, www.kirchenshop-online.de

Hermann Schoenauer, Leben gestalten. Gebete zur Zeit, Gütersloher Verlagshaus, 2. Aufl. 2008

Silvia Schroer/Thomas Staubli, Die Körpersymbolik der Bibel, Gütersloher Verlagshaus, 2005

Fulbert Steffensky, Segnen und gesegnet werden, Reflexionen – Impulse – Materialien, hrsg. von Li Hangartner und Brigitte Vielhaus, Klens Verlag, Düsseldorf 2006

Hanna Strack, Die Frau ist Mit-Schöpferin. Eine Theologie der Geburt, Christel Göttert Verlag, Rüsselsheim, 2006

Agende für ev.-luth. Kirchen und Gemeinden III. Die Amtshandlungen. Teil 4: Dienst an Kranken, Lutherisches Verlagshaus, Hannover, 2006

Ein Evangelisches Zeremoniale, Liturgie vorbereiten – Liturgie gestalten – Liturgie verantworten, herausgegeben vom Zeremonial-Ausschuss der Liturgischen Konferenz, Gütersloher Verlagshaus, 2004

GÜTERSLOHER
VERLAGSHAUS

Gütersloher Verlagshaus. Dem Leben vertrauen